なぜ部下とうまくいかないのか

組織も人も変わることができる！

Why is it so hard to communicate with our team members

「自他変革」の発達心理学

加藤洋平
Yohei Kato

日本能率協会マネジメントセンター

はじめに

さっそくですが、皆さんに質問があります。

- **なぜ人と組織はなかなか変われないのでしょうか？**
- **どうしたら人と組織は変わっていくのでしょうか？**
- **人はどのように成長し、どうしたらより成長できるのでしょうか？**

これらの質問に対して、皆さんであればどのように答えますか。

また、企業人としての、さらには一人の人間としてのご自身の今の成長をどのように捉えていますか。

部下を持っている方であれば、部下の成長をどのように支援していますか。

それらの問いや課題に対して、ヒントと行動指針を提供してくれるのが、発達心理学の一分野である「成人発達理論」です。

近年、欧米組織において、人財育成や組織開発の領域に「成人発達理論」の知見が積極的に活用されています。しかし、残念なことに、日本の企業社会において、そうした知見はほとんど取り入れられていない、というのが現状です。

欧米の企業社会において、特に、ハーバード大学教育大学院教授ロバート・キーガンの発達理論が積極的に取り入れられつつあります。幸運にも、私はハーバード大学でロバート・キーガン教授から直接、成人発達理論を教わりました。是非とも、そこで得られた知見を本書の中で紹介していきたいと思います。

欧米社会から日本社会に目を移してみると、日本においても「生涯学習」という言葉が市民権を得ています。「生涯学習」という言葉の裏には、私たちは一生をかけて学んでいく存在である、という考え方があります。それを踏まえると、私たちは生涯にわたって成長していく、という認識はすでに形成されていると言えるかもしれません。

ただし、「生涯学習」という言葉が示しているのは、一般的に、人間の成長は知識やスキルの獲得によって成し遂げられる、という発想ではないでしょうか。

しかしながら、実際のところ、最新の発達心理学が示す人間の成長とは、単なる知識やスキルの獲得ではないのです。

それよりもむしろ、成人発達理論では、「人間は、知識やスキルを獲得することだけではなく、質的な成長を継続的に実現しうる」という認識を持っています。こうした認識は、日本の社会において、まだ広く認知されていないように思われます。

こうした背景をもとに、本書は「成人発達理論」とはどういったものなのかをわかりやすく紹介していきます。本書を通じて、「成人以降においても私たちの知性は成長・進化し続ける」という認識を組織人の方々に持っていただければと思います。

本書の話題はロバート・キーガンの発達理論を中心に、部下と組織を率いるリーダーとしての「器」や「人間力」と呼ばれるものがどのように成長を遂げていくのか、またどうすればより成長することができるのかを取り上げていきます。

さらに重要なのは、本書を通じて、どうすれば自分自身・部下・組織は変わっていくのか、ということに関して自分なりの考えを持ち、みなさんが所属しておられる実際の組織において、具体的な行動を起こしていただけることを狙いとしています。

私が米国で培ってきた成人発達理論に関する知見が、組織変革やビジネスパーソンの成長に少しでも役立ってくれることを願っています。

多くの組織人の方に本書を読んでいただき、発達理論に基づいた人財育成や組織開発が積極的に行われるような社会が訪れるのであれば幸いです。

それでは、二人の登場人物を主人公とした「人と組織の変革ストーリー」の世界に入っていくことにしましょう。

目次

第二章
自分に関係することにしか関心を寄せない部下

道具主義的段階への対処法

第三章 上司には従順だが、意見を言わない部下

他者依存段階への対処法

第四章 自律性が強すぎて、他者の意見を無視する部下

自己主導段階への対処法

第五章 多様な部下との関わりから他者の成長に目覚める

自己変容・相互発達段階における変革型リーダーへの成長

プロローグ
課長 山口光のモノローグ

管理職としての悩み

私（山口光：やまぐちひかる）は、日本のとある大手製造企業に勤務し、課長を務めている。年齢は四五歳であり、妻と二人の子供がいる。言わば、どこにでもいる普通のサラリーマンだ。

ありがたいことに、これまでの自分のキャリアは比較的順調であったと思っている。

私は「自分の想いを形にし、多くの人々に喜びや充実感を与えることができるようなものを作りたい」という理想を持って、今の会社に入社した。

幸運にも入社後は、開発部に所属することができ、新製品を設計から販売まで手がける機会に恵まれてきた。

実際に、これまで何度も新商品を世に送り出し、自分が携わった商品が世の中の多くの人に活用される姿を見てきた。そのたびに、喜びを噛みしめてきた。

しかし、ここ数年の自分の成果を振り返ってみると、少しばかり暗い気持ちになる。というのも、最近は私自らが新商品を世に送り出すことができていないのだ。

これは、自分が社内で置かれている立場が変わったことにも要因があると思う。

これまでは製品の企画設計に集中できるような立場だったが、五年前に管理職となり、状況が変わった。管理職になってからは、当然のことながら、開発者としての役割だけではなく、マネジャーとしての役割が求められるようになったのである。

もちろん、マネジャーになって得るものや学びになることは多いが、本来の自分の情熱である「ものづくり」に集中できない状況にあるのは間違いない。

そうした状況のせいか、「新しいものを世に送り出し、多くの人々の役に立ちたい」という情熱も最近弱くなっているような気がする。

この頃は、情熱の低下のみならず、開発者としての、さらにはマネジャーとしての成長の伸び悩みを強く感じている。

特に、マネジャーとしての自分に思いを馳せると、部下とのコミュニケーションを含め、マネジメント能力の成長が停滞していることを実感している。

また、キャリアも中腹に差し掛かっており、「組織人として今後自分はどのように生きていきたいのか？」ということも不明確である。

そのような悩みを抱えているのが今の自分だ。

期待以下の人事評価

長い冬が去り、暖かい春の到来を喜んでいた今日、人事評価の結果報告があった。

毎年、春がやって来ることは嬉しいのだが、人事評価の結果を受けるのは、気が重いというのが正直なところだ。

マネジャーとして伸び悩みを感じているとはいえ、昨年は自分なりに頑張ったと言えるような仕事をしてきたつもりだった。

しかし、今回の評価は、期待していたものよりもずっと低かった。

上司である開発部長から具体的に指摘されたのは、「部下とのコミュニケーション能力の向上」と「人間としてのさらなる成長」の二点だった。

部下とのコミュニケーション能力に関して、「もっと部下のやる気や能力を引き出すような接し方を身につける必要がある」と言われたのだ。

言い換えると、「部下を育てることにつながるコミュニケーションの力をもっと身につけよ」ということだ。

これは、「言うは易し、行うは難し」だと思う。

多様な経歴と様々な個性を持った部下それぞれに対して、どのようにコミュニケーションしたらいいのか、正直かなり悩んでいるし、なぜ自分のコミュニケーションがうまくいかないのか、その理由もよくわからない。

今回のフィードバックでも、結果だけを伝えられ、具体的に今後どのように部下とのコミュニケーションを改善していけばいいのか、その方法がわからないのだ。

そして、「人間としてのさらなる成長」という点も厄介だ。これに関するフィードバックも非常に曖昧で、人としての成長とは具体的にどういう意味なのだろうか。

また、マネジャーとしての自分の役割とどのように結びつくのかが定かではない。

今回の人事評価の結果は散々なものだったし、何よりわからないことが多く残りすぎている。今後自分はどのように行動していったらいいのだろうか。

どうしたら変わることができるのか

視点を自分ではなく、会社に移すと、昨年度の会社の業績は好ましくなかった。

大手の老舗メーカーとして誇りを持つことはいいのだが、近年、画期的な新商品を世に送り出すことが少なくなってきている。そうした事情が響き、売り上げの伸びも停滞してきているのは事実だ。

そうした現状を見ると、組織の停滞感と自分自身の伸び悩みが相関しており、より気分が落ち込んでくる。

経営陣も何かしらの手を打って、世の中に役立つ新商品を送り出していきたいと思っているのだろうが、有効な打開策が見つかっていない様子だ。

わが社も変わる必要があるし、自分自身も変わる必要があるのだ。

でも、どうしたら変わることができるのだろうか。

そうした鬱憤を晴らすために立ち寄った銀座のワインバーで、今後の自分の成長と組織の変革を大きく左右する出会いがあるとは思ってもみなかった。

第一章

何をすれば関係は良くなるのか

成人発達理論とは何か

あるワインバーで

男性　あれっ、それはナパバレーの「オーパス・ワン」ですよね？　カリフォルニアワインがお好きなのですか？

私　あっ、いえ、ちょっと今日は高いワインでも飲んでやれ、という気分でして……。

男性　そうでしたか。そういう気分の日もありますよね。申し遅れました、わたくし、室積（むろづみ）と申します。

私　山口と言います。

室積　山口さんですね。いや～、「オーパス・ワン」を飲んでいらっしゃったので、相当なワイン好きの方かと思ってつい声をかけてしまいました（笑）。

私　室積さんも「オーパス・ワン」が好きなんですか？

室積　はい、昔カリフォルニアに留学していたときに、ナパバレーのワイナリーに頻繁に足を運んでいたことがありまして。オーパス・ワンはとても高価ですが、大ファンなんです。

私　カリフォルニアに留学されていたのですか？

室積　もう随分と昔のことですし、留学というよりも遊学に近かったと思いますが（笑）。そういえば先ほど、「今日は高いワインでも飲んでやれ、という気分」とおっしゃっていましたが、何かあったのですか？

私　ええ……実は、人事評価の結果報告を今日受けて、それが思っていたほどよくなかったんです。……正直に言うと、期待していたものよりも随分と低い評価でした。

室積　そうでしたか。どんな結果だったのですか？

私　はい、上司から「人間としてもっと成長しないとダメだよ。部下の育成を含め、部下とのコミュニケーションが期待以下だよ」と言われたんです。

室積　そうでしたか。人間としての成長と、部下の育成やコミュニケーションを指摘されたんですね。

私　はい。部下の育成や彼らとのコミュニケーションは、前々から自分の課題としてわかっていたのですが、どうやっていいか、なかなかわからないままなんです。

　さらには、「人間としての成長」という、とても抽象的で掴みづらいことを言われて、どうしたらいいのか余計わからなくなってしまっているんです。

室積　なるほど、部下の育成やコミュニケーションに関しては、前々から課題認識があったんですね。だけど今回はさらに、「人間としての成長」という課題も浮上してきたというわけですか。

私　そうなんですよ。

室積　それじゃ、山口さんは、「人間としての成長」ってどんなことだと思いますか？

私　「人間としての成長」ですか……、難しいですね。

室積　確かに、いきなりそのような質問をされても難しいですよね（笑）。山口さんなりにどのように捉えているか、思ったままのことで結構です。

私　そうですね。**人間としての成長というのは、「人としての器が広がる」**とかでしょうか？

室積　おぉ、それは素晴らしい答えですね。それでは、「人としての器が広がる」というのはより具体的に言うと、どんなことでしょうか？

私　はい。私は今、あるメーカーで課長職を務めているんですが、課長という役割で考えると部下をきちんと受け止めてあげられるような、そんなイメージですかね。

室積　なるほど、課長である山口さんにとって、「人としての器が広がる」というのは、部下をきちんと受け止められるようになることだと。その他にはいかがでしょうか？

私　うーん、その他には……、人としての器が広がれば、イライラすることとかが減る気がしますね。

室積　イライラが減る？

私　はい。仕事上、どうしてもイライラしてしまうことがあるんですね。もっと人間的に大きくなれば、ちょっとしたことに苛立ったり、落ち込んだりすることが減ってくるのかなと思いました。

室積　それはいい気づきですね！　ある意味、人としての器が拡大すれば、自分の感情に過度にとらわれることがなくなってくるんじゃないか、ということですか？

私　はい、まさにその通りです。あっ、室積さんに質問されるまで、そういうふうに自分が考えていたなんて気づきませんでした。

室積　今、そうしたことに気づかれた山口さんの表情を見ていると、先ほどの少し落ち込んだ顔ではないような気がしています（笑）。

私　ははは（笑）。室積さんがあまりにも聞き上手なので、ついつい色んなことを喋ってしまいました。でも、言葉に出したおかげで多くのことに気づけました。それと、話すことによって、何かすっきりした気分になってきたというか。

室積　そう言っていただけるとありがたいですね。初対面なのにこんなに質問してしまって、ご迷惑じゃないですか？

私　迷惑だなんてとんでもないです！　おかげで、だいぶ気持ちが落ち着きました。やっぱり、人に話を聞いてもらうというのはいいですね〜。

成人してからも人は成長する

室積　はは（笑）。それでは、ここで改めて乾杯といきましょう。

私　そうですね、乾杯！　あれっ、さっきよりもオーパス・ワンが美味しくなっている気が……。

室積　気づかれましたか。山口さんが飲んでるオーパス・ワンを見たときに、少し空気に触れさせて、ワインをもうちょっと開いたほうがいいと思ったので、長い時間質問をしていたんです（笑）。

私　そうだったんですか！

——ちょっと変わった人だな〜。でも、何やら只者ではなさそうなので、もうちょっと話を聞いてもらおうかな。

そういえば、室積さんは留学をされていたということですが、何を勉強しに行ったんですか？

室積　心理学です。それも「**発達心理学**」という分野を学びに行きました。

私　発達心理学？　ちょっと聞いたことないですね……、いったいどんな心理学なんですか？

室積　厳密に言うと、「**成人発達理論**」というものを学んでいました。あるいは、「**成人以降の知性発達理論**」や「**成人以降の意識発達理論**」と呼んでいいかもしれません。

　成人になってからでも、知識やスキルに関する成長を遂げることができる、という認識をきちんと持っておられる方もいると思います。しかし、私が学んだ成人発達理論では、知識やスキルを発動させる根幹部分の知性や意識そのものが、一生をかけて成長・発達を遂げるという考え方を持っています。そうした考え方のもと、人の成長・発達のプロセスやそのメカニズムを解明する学問領域のことを「成人発達理論」と呼んでいます。

私　申し訳ありません、細かいことはわからないのですが、成人してからも人は成長するのですか？

室積　はい。世間一般には、成人になる段階で成長は止まると思われがちですが、**私たちは成人してから死ぬまで一生成長することができるのです**。この考え方は面白いですよね。

私　正直、成人してから死ぬまで成長し続けるなんて驚きです！　成人になると成長は止まるものと思ってました。先ほど「意識発達理論」とおっしゃいましたが、意識が発達するというのはどういうことですか？　何やら、今日の人事評価のフィードバックで言われた「人間としての成長」と密接に関わっている気がします。

室積　山口さん、その通りですよ。いきなり私が答えるよりも、山口さんはどんなふうに思いますか？　意識が発達するということに関して。

私　う〜ん、そうですね。意識が発達する……意識が発達する……というのは、あれっ、そもそも「意識」とは何でしょうね？（笑）

室積　いい質問です！　人間の意識とは何かを論じることは、過去の偉大な哲学者でも苦労しているんですよ。ここでは、私たちの内側で立ち現れる「心」と置き換えるといいでしょう。それでは「心」とはなんぞや、という質問はまた今度ゆっくり議論しましょう（笑）。

私　わかりました（笑）。そうですね、心が成長するというのは、人に対してより思いやりを持てるとか、配慮ができるとか、そういう感じでしょうか？

室積　確かに、心が成長すると、周りの人に対して思いやりとか配慮ができるようになってくる、ということがあります。

それでは、どうしてそうしたことができるようになるのだと思いますか？

私　それは、自分のことばかりを考えなくなるからではないですか？　言い換えると、「視野の拡大」と言いますか……。

室積　**「視野の拡大」、それはまさに、私たちの心が成長するときに起きる現象なんです。**私たちの心は成長すればするほど、視野が拡大し、これまで認識できなかったことに気づけるようになります。

つまり、視野が拡大することによって、自分だけを気にかけるのではなく、周りにいる様々な人を気にかけられるようになってきます。

私　なるほど！　ということは、**より心が成長して視野が拡大すれば、私が長い間抱えていた「部下の育成」や「部下とのコミュニケーション」の問題が解決されるかもしれない**ということですね。

室積　そうです。山口さんが今後、心の成長を遂げていくと、部下の育成や部下とのコミュニケーションのあり方も変わっていくと思います。

ここでもう一つ付け加えると、心が成長するにつれて、視野が拡大して多くのことを認識できるだけではなく、物事の深みや機微を認識できるようになってきます。

私　物事の深みや機微を認識できるというのはどういうことですか？

室積　例えば、部下とのコミュニケーションを例にとってみましょう。まずは、視野が拡大するというのは、部下の様々な特徴を認識することができたり、部下が置かれている様々な状況を勘案することができたりする、という横広がりのイメージです。

それに対して、物事の深みや機微を認識できるというのは、単に視野を広げるのではなく、一つの視点を掘り下げていくイメージです。

例えば、「部下は締め切りに追われると、突然仕事が手につかなくなる傾向がある。そのときには、下手にプレッシャーを与えてしまうと逆効果になる。

そのため、部下が締め切りに追われているときには、しきりに仕事の進み具合を聞くのではなく、寛容な姿勢で待つ、ということを意識して接してあげよう。

しかし、そもそも部下が締め切りに追われることのないように導いてあげるのがいいのではないか」というように、考えがどんどんと深掘りされていくのも、心の成長の一例です。

私　なるほど！　わかりやすい例ですね。

変われることと変われないこと

室積　ちなみに、山口さんは、いつ管理職になったんですか？

私　うーんと、およそ五年前ですから、私が四〇歳のときですね。

室積　なるほど、山口さんは私よりもちょうどひと回りお若いのですね。それでは、五年前と今の自分を比べてみて、どのような点が成長したと思いますか？

私　えっ、改まってそのように聞かれると……、あっ、やはり、一つではなく、いくつかの視点から考えるようになったことかもしれません。管理職として、プロジェクトや人をマネジメントしていくためには、広く俯瞰的な視点が必要だと思っていて、そのあたりの力は以前に比べるとだいぶ成長したのかなと思います。

室積　管理職になる前と比べてみると、広く俯瞰的な視野を持てるようになってきたということですね。その他には、何か成長したなと思うことはありますか？

私　その他には、以前と比べて、自分を含めて様々なことをより客観的に見られるようになってきているかなと思います。

室積　いいですね。その点について、もう少し詳しく教えていただけますか？

私　はい、以前の自分であれば、ことあるごとに一喜一憂する傾向がありました。一つの失敗に対して、あれこれ心配ばかりし、くよくよしていたりと。それに対して今は、失敗そのものにとらわれることはほとんどなく、失敗の原因解明など、様々な対応策を打てるようになってきているかなと思います。

あとは……以前であれば、自分の強みや弱みなどをあまりきちんと把握できていなかったなと思います。ですが、今の自分は課長として何が秀でていて、逆に何が課題として残っているのかを客観的に認識できるようになってきていると思います。

室積　それはすばらしい変化ですね！　今のお話を聞きながら、課長になる前と後では、山口さんは随分と成長されたんだな、ということが見えましたね。

私　いえいえ～、「もっと人として成長しろ」というのが今回の人事評価の結果でしたから（笑）。

室積　そういえばそうでしたね（笑）。とはいえ、山口さんが、この五年間に着実に成長している、というのは紛れもない事実でしょうね。

私　そう言っていただけると、なにか報われた気がします（笑）。

室積　それでは少し質問を変えて、この五年間、あるいは、一〇年間を振り返ってみて、山口さんの中で変わらないものは何でしょうか？

私　変わらないもの……、何だろう……、性格かなぁ。あと、仕事の進め方もそれほど変わっていない気がします。もちろん、管理職になってから役割が変わったのは間違いないんですが、仕事のスタイルはさほど変わっていない気がします。

室積　なるほど、性格と仕事の進め方ですか？

私　ええ、そういえば、社内の人事評価の一環として、性格診断テストを受けたことがあります。言われてみると、五年前の結果と、最近の結果はほとんど変わっていませんでした。

室積　それはいいところに気がつきましたね。実は、発達理論の枠組みの中で、人間の性格は基本的に大きく変わらないものだと捉えられています。

私　そうなんですか？　性格は変わらないものなんですね！　あっ、「変わらないもの」と言えば、「妻と二人の子供への愛」は昔も今も変わりません！

室積　ははは（笑）、それは名言ですね。山口さんに言われて、私も妻や子供に対する思いを考え直す必要がありそうです。

ただし、私であれば、「妻と子供に対する愛は変わらないというよりも、むしろ時の流れとともにより深まる」と答えるかもしれません（笑）。

私　これは一本取られましたね（笑）。

室積　話が脇道に逸れてしまいましたので、元に戻しましょう。

私　はい。そうすると、「人としてもっと成長せよ」という今回の人事評価の結果は、性格のようなものとは根本的に違う変化を私に対して求めているのかなと思ったのですが、違いますか？

室積　いえ、決して違っていませんよ。まさに山口さんの言う通りです。そして、その点こそが「成人発達理論」の肝になるポイントなんです……。

あっ、もうこんな時間になっていたんですね。何か余計な話に付き合わせてしまったようで申し訳ないです。明日の朝が早いので、私はこのあたりで退散いたします。今日は話し相手になっていただいてどうもありがとうございました。

私　いえ、こちらこそありがとうございました。

突如私の目の前に現れた「室積」という男性は、人を惹きつける何かを持っていた。今の私にはそれが具体的に何なのかよくわからない。

ただ、確かに言えることは、室積さんは信頼できそうであり、私の知りたい答えを教えてくれそうだということだ。もっといろいろと話を聞いてみたい……。

あっ、しまった！　自分のことばかりしゃべってしまい、室積さんのことは何も聞けなかった。連絡先も聞かなかったし……。また、この店に来るだろうか？

「成人発達理論」か……、家に帰って調べてみるか。

再会

「室積」という男性と出会ってから、「発達理論」という言葉が私の頭から離れることはなかった。それはなぜなのかを考えてみたとき、「成人発達理論」は、私がマネジャーとして直面している諸々の問いに答えてくれるような気がしているからだ。

部下を持つ課長として、いや、今よりももっと成長しなければならない一人のビジネスパーソンとして考えていかなければならない重大なテーマが存在している気がするのだ。そうしたテーマを突き詰めていく際に、発達理論は自分を導いてくれる「羅針盤」のようなものに思えて仕方ないのである。

そうした考えが、私の頭の中に洪水のように押し寄せていた。室積さんと出会ってからの一週間は、発達理論というあまり馴染みのないことについて、自分なりにインターネットで調べることに多くの時間を割いていた。

「一期一会」というありきたりなことわざの重みを感じざるをえない一週間だった。私は、「室積さんの連絡先を聞くべきだった」と後悔していた。後悔の念を抱きながら、「あのワインバーに行けば、また室積さんに会えるかもしれない」というささやかな希望も持ち合わせていた。
今週の仕事を無事に片付けた私は、後悔と希望という二つの思いを持ちながら、あのワインバーにもう一度立ち寄ることにした。「オーパス・ワン」を飲んでいれば、室積さんがやってくることを期待して。
――やっぱり、一度きりの人生の中で、一期一会というのは大きな重みを持つんだな～。このワインバーに来れば、また室積さんと会えると思っていたんだけど……。ここに来てから、もう一時間半か……。

室積　あれっ、これはナパバレーの「オーパス・ワン」ですよね？　カリフォルニアワインがお好きなのですか？

――どこかで聞いたことのある声だった。いや、忘れもしない声だったし、待ち望んでいた声だった。

私　室積さん！

室積　山口さん、こんばんは！　先週とまったく同じ声のかけ方をしたのですが、わかりましたか？（笑）

私　もちろんですよ（笑）。

室積　声のトーンや表情から察すると、今日はだいぶ調子が良いみたいですね。

私　ええ、おかげさまで。室積さんからお話を聞いて、あれから自分でも色々と調べてみました。「成人発達理論」で検索をしてみると、意外といろんなことがわかりました。普段は会社員をしているので、こんな分野があるなんて知りませんでしたし、いろんな発見があって面白かったです。

室積　そうですか、関心を持っていただいて良かったです。特にどんなところに関心を持たれましたか？

私　先週のお話を聞いたとき、人間の成長を扱う「発達理論」というのは、部下を抱える自分にとって、とても大切な考え方が詰まっている理論のような気がしたんです。

室積　それはお話ししたかいがありました。実際のところ、日本では「成人発達理論」はまだまだ知られていないので、山口さんは先駆者かもしれませんね（笑）。

私　いや、その領域を探求しておられる室積さんこそ先駆者ですよ（笑）。

室積　はは（笑）。管理職として発達理論に着目されたという意味で、山口さんも先駆者ですよ。

私　ありがとうございます！　今日は、もう少し突っ込んで発達理論について教えていただきたいのですが、大丈夫でしょうか？

室積　もちろんです。ただし、その前に乾杯ですね！

私　そうですね、乾杯！

欧米では育成や評価に使われている

室積　それでは、今日はどんなところから話を始めていきましょうか？

私　先ほど、「成人発達理論は、日本ではほとんど知られていない」ということをおっしゃっていたと思います。ということは、欧米ではかなり知られた理論なのでしょうか？

室積　はい、欧米ではかなり知られた理論です。特に近年、欧米の企業組織からの注目度が高く、人財育成・人事評価に発達理論の考え方が積極的に活用されています。

私　そうなんですかっ！　欧米では、人財育成や人事評価で使われているんですか。

私は心理学についてほとんど門外漢ですが、やっぱり心理学は欧米からの輸入の学問なので、その辺りの遅れが日本の企業社会にはありますよね？

室積　確かに、成人発達理論は欧米の心理学が起源とされています。ただし、発達理論の知見が欧米の企業で使われるようになったのは、比較的最近のことです。

私　そうすると、グローバル化が進む日本企業が発達理論を取り入れた人財育成や人事評価を行うのはこれからでも間に合うということですか？

室積　ええ、今からでも全く遅くないと思いますよ。

私　それを聞いてなんだか少し安心しました。わが社でも、発達理論を取り入れた人財育成や人事評価を積極的にやってもらいたいぐらいです……。その前に、私がもっと発達理論について知る必要がありますが（笑）。

室積　そうですね（笑）。前回の話の復習になりますが、「成人発達理論」とはどういった理論だったか覚えていらっしゃいますか？

私　はい、人は成人してから死ぬまで成長・発達するという理論だったかと記憶しています。そして、そのような考え方のもと、成長・発達の要因やメカニズムを解明するのが発達理論の役割だったと思います。

室積　さすが、この一週間で発達理論についていろいろ調べてくださったおかげで、私が付け加えることはほとんどありませんね。

それでは、今からもう少し踏み込んだ内容に入っていきましょう。前回、この五年間における山口さんの変化についてお話ししてくださったのを覚えていますか？

私　はい。確か、管理職として、より俯瞰的に物事を見えるようになったり、自分を客観的に見えるようになったりと、そうした変化について話をしていたと記憶しています。

人はそれぞれ固有の「レンズ」を持つ

室積　そうでしたよね。「**より俯瞰的に物事を見えるようになること**」や「**自分をより客観的に見えるようになること**」は、**成人以降の発達における重要なポイント**です。

その点と関連して、「**世界観の変化**」**について理解を深めることが発達理論を学ぶ上で大切**になります。私たちは皆、それぞれ独自の世界観を持っていて、一つの物事を見ても、全く捉え方が違いますよね。

私　「独自の世界観」ですか……。

室積　ええ、「世界観」というと小難しいので、私たちの意識には独自の「レンズ」が備わっているとイメージしてください。人によって、かけているレンズが違うため、世界の見え方が全く異なるものになります。

私　あぁ、なるほど。一人ひとり、違うレンズをかけているので、世界の見え方が違うということですね。

室積　はい、その通りです。私たちは各人固有のレンズを通して世界を見ているため、レンズが異なれば、世界の見え方は全く違ったものになります。

高性能のレンズを持っている人は、レンズの解像度を上げて、他の人が見えない物事の細部まで認識できたりします。

逆に必要に応じて、広角レンズのように、物事を俯瞰的に眺めたりすることもできます。

私　部下によって、物事を深く見られる人もいれば、そうでない人もいますし、俯瞰的に眺められる人もいれば、そうでない人もいるので、よくわかる気がします。

室積　そうですよね。本当に人によって、世界の見え方は様々ですよね。そして、発達理論では、私たちに備わる固有のレンズのことを「**意識構造**」と呼んでいます。

私　意識構造……ですか？

室積　「意識構造」と言うと難しく聞こえるかもしれませんが、レンズに備わる質的な差異のようなものをイメージしていただければと思います。質的に高性能のレンズを持っていれば、物事を俯瞰的に眺めることができたり、物事の細かな点にも気づくことができたりします。

そして、発達理論では、こうしたレンズの質的な差異を「**意識段階**」または「**レベル**」

と呼びます。イメージとしては、意識段階１（レベル１）のレンズがあったり、意識段階２（レベル２）のレンズがあったり、意識段階３（レベル３）のレンズがあったりするということです。

ここで重要なことは、**意識段階が高くなればなるほど、物事を広く・深く捉えることができるようになってくる、**ということです。

私　なるほど〜。私たちは固有のレンズを持っていて、そのレンズには質的な差異があり、それを「意識段階」あるいは「レベル」と呼んでいるんですね。

室積　そうです。私たちが持っているレンズには、違いがあり、そこにはレベルが存在していると聞いて、どのような印象を持たれましたか？

私　「レベル」と聞くと少し抵抗感がありますが、経験上納得できますね。

室積　なるほど。ところで、「レベル」に関する抵抗感とはどういったものでしょうか？

私　はい、「レベル」という言葉には、何か人をランク付けしているニュアンスがあります。

室積　確かに、「レベル」という言葉には、必ず「上下」や「高低」という概念が含まれるので、ランク付けのような印象を与えがちだと私も思います。ただし、発達理論で言う「レベル」という概念は、単なるランク付けではないのです。

私　それはどういうことですか？

室積　少しわかりやすく説明しましょう。確かに、レベル分けをするということは、「上下」や「高低」という概念によって、分類分けをすることになります。これは一見すると、ランク付けするということと同じかもしれません。

しかし、一般的に、ランク付けはどういった前提のもとに行われ、ランク付けの結果として、どういうことが起きると思いますか？

まず、前提に関して説明すると、ランク付けの際には、必ず「ランクの高いほうが良く、ランクが低いことは悪い」という思い込みがあると思います。

私　そうですね。

室積　しかし、発達理論における「レベル」は、良い悪いという考え方に直接結びつくものではありません。

つまり、単純にレベルが高いほうが良いわけではなく、一方、レベルが低いことが悪いわけではないのです。先ほどのレンズの喩えで言うと、レンズによって質的な差異があることを認めながらも、その質的な差異がそのまま良い悪いの判断基準に結びつくわけではないということです。

例えば、美しい紅葉をこの目に焼き付けておきたいと思っているときに、素粒子レベルまで捉えることができる解像度のレンズは必要ないですよね。この場合、そのようなレベルの高いレンズは不必要だと言えます。この例からも、一概に解像度が高いレンズのほうが良いというわけではないことがわかるのではないでしょうか。その他の例として、俯瞰的に物事を見過ぎてしまうと当事者意識が薄れたりしますよね。

さらには、多様な選択肢が見えてしまうため、決断に迷ってしまうことも起こります。**要するに、意識段階が高いほうが良いとは一概に言えないのです。**

私　確かにそうですね。

室積　繰り返しますが、この点はとても大切です。発達理論を学びたてのときは、どうしても「レベルの高いほうがいい」「意識段階が高いほうが望ましい」という考え方に陥りがちです。

ですので、先ほどの例を思い出しながら、意識段階が高いほうが必ずしも良いわけではないということをしっかりと認識していただければと思います。

私　わかりました。その点をしっかりと認識しておきます。

それでは、ランク付けの結果として起こることとはどんなことでしょうか？

室積　はい。一般的なランク付けは、「ランクの高いほうが良く、ランクが低いことは悪い」という前提があるため、その結果、ランクの高いものがランクの低いものを抑圧することが起きたり、差別が生じたりします。

例えば、「あの人は、こういうレベルにいるから、これ以上の仕事を与えないようにしよう」「あの人は、このレベルにいるからダメなんだ」というような考え方が生まれてきます。

一方、発達理論におけるレベル分けでは、こうした抑圧や差別を認めません。発達理論の世界では、各意識段階は固有の価値を持っていることを尊重します。そして、各々の発達段階が持つ質的な差異を尊重しながら、それらを発達理論の枠組みに照らし合わせると、意識段階1（レベル1）、意識段階2（レベル2）、意識段階3（レベル3）……という順番に並び替えることができるのです。

私　そういうことなんですね。一般的なランク付けでは、ランクの高いほうが良いという前提に基づいて差別などが生まれてしまうが、発達理論におけるレベル分けはそうではないと。ところで、「質的な差異を発達理論の枠組みに照らし合わせて並び替えていく」とおっしゃっていて、どんな枠組みを用いて評価していくのですか？

室積　いい質問ですね！　その点については、後ほど詳しく説明したいと思います。ここでは、もう少し、意識段階についての理解を一緒に深めていきたいと思います。

私　わかりました。

自分よりも上の意識段階は理解できない

室積　これまでのところを少しまとめると、私たちは各人、固有の世界観を持っており、それをレンズに喩えました。そして、そうしたレンズにはレベルが存在するということを説明しました。これらの点に関して、山口さんご自身の仕事の中で何か思い当たることはありますか？

私　そうですね……、そう言えば、私が管理職になる前、上司の言うことがよくわからないことがありました。その上司は、私が見ている世界よりも、何やら高い視点から世界を眺めているような気がして……。例えば、ある製品を世に送り出すことによって、その製品が消費者の生活に与える影響だけではなく、わが社の開発部や子会社などに与える影響まで上司は見通していたと思うんです。

あっ、もしかして、これが意識段階の違いですか？

室積　まさにその通りです。

私　そういうことなんですね～。当時の上司は、私よりもレベルの高いレンズを付けて世界を眺めていたんですね。だから上司は、私が見えてないことも見えていて、私が見えていないことを指摘していたのだけれど、それは私のレンズでは認識することができなかったから、私は彼の話を理解することが難しかったんだ！

室積　山口さんの具体例が示している通り、**発達理論の世界では、「私たちは、自分よりも上の意識段階を理解することができない」と言われています。**

これは、レンズの喩えと合わせて、建物のイメージを持っていただくとわかりやすいかもしれません。建物のそれぞれの階から見える景色は多様ですよね？

つまり、階が違えば、見えてくる景色も異なってくるということです。さらに述べると、下の階の人は上の階の人が見えている景色がわからないけれど、上の階の人は、下の階の人が見えているものも含めて、より広く世界を見渡していますよね。

私　なるほど。当時の上司は、私よりも上の階から世界を眺めていたということですね。

室積　ええ、そういうことになります。そのため、上司の方は、山口さんが見えていない世界を認識していたと言えます。

私　そういうことだったのですね、とてもしっくりきました。

室積　実は、レンズや建物だけではなく、意識構造を表す喩えはその他にも考えられますが、何か思いつくものはありますか？「意識構造とはまるで〜のようだ」と何かに喩えるとするならば、どんなものが他にありそうでしょうか？

私　そうですね……、う〜ん、ちょっと思いつかないですね。

意識の成熟と他者の受容

室積　山口さん、こういう言い方を聞いたことはありませんか？「あの人は、人間としての器《うつわ》が大きい」。

私　あっ、あります！

室積　そうですよね。実は、私たちの意識構造は「器」のようなものに喩えることもできます。「あの人は、人間としての器が大きい」という言い方が示唆するように、**私たちは、意識構造という固有の器を持っており、「レンズ」にも質的な差異があるのと同様に、器にも大きさという質的な差異がある**イメージです。

意識が成熟するというのは、より大きな器を作っていくことに等しく、意識が成熟すれば、様々なことを受け入れられるだけの度量が増してきます。

私　面白いですね〜。やっぱり、器が大きいというのは、それが人間としての成熟度合いを表しているんですね〜。

室積　厳密には、意識が成熟していき、自分の器が拡大していくと、多様な他者を受け入れられることだけにとどまりません。自我の発達に関して多大な功績を残した研究者、ジェーン・ロヴィンジャーは、「人間の意識の発達とは、曖昧さに対する耐久性の増加である」と述べています。

要するに、**私たちの意識が成熟していくと、他者のみならず、置かれている環境なども含めて、私たちを取り巻く曖昧なものをより受容することができるようになる**、ということです。

私　ロヴィンジャーが述べていることは、とても納得できます。私も課長になりたての頃は、自分の役割がまだ明確に理解できておらず、右往左往することが多かったのですが、課長として成長していくにつれ、仕事を取り巻く曖昧さに押し潰されないようになってきたなと思います。

室積　それはいい気づきですね！　ここでいったん、先ほどの「器」の話に戻りましょう。先ほど、「器にも質的な差異がある」ということを述べましたが、これはどういう意味だと思いますか？

私　う〜ん、器の形が違ったり、色が違ったりということでしょうか？

室積　なるほど、器の質的な差異は、形や色の違いを表すのではないかということですね？　そうした「器の形や色」というのは具体的にどういったものでしょうか？

私　器の形や色というのは……そうですね、イメージとしては、その人の個性というか……あぁ、性格とか仕事の進め方の多様性のことを、色や形として捉えているのだと思います。

室積　クリアにしていただいてどうもありがとうございます。

色や形というのは、その人の性格や仕事の進め方などを表すものである、ということですね。それはその通りだと思います。ここで一つ思い出していただきたいのは、先日、社内の人事評価の一環として性格診断テストを受けたとおっしゃっていたことです。

私　はい、覚えています！　確か、五年前に受けたアセスメント結果と、最近の結果が変わらなかった、というような話をしていたような気がします。

器の拡大がもたらすこと

室積　その他に覚えていることはありますか？

私　あっ、発達理論の枠組みの中では、人間の性格は基本的に大きく変わらない、ということを思い出しました！

室積　その通りです。そうなると、確かに器の表面上の色や形は異なるけれど、それはある意味、人間の性格のようなもので、大きく変わることはないのです。それでは、発達理論の観点からすると、器の何が変わっていくのだと思いますか？

私 色や形が変わらないとすると……難しいですね……単純に器の大きさが拡大していくイメージですかね。なんか、堂々巡りしている気がしますが（笑）。

室積 山口さんのおっしゃる通り、**意識が成長することによって、人としての器の容量そのものが拡大していきます。器の容量が拡大することに伴って、私たちは多様な知識や経験をそこに蓄えていくことができるようになります。**

それでは、器の容量以外にも、何か変化していくものはありますか？ 言い換えると、私たちは成熟していくに伴って、単純に知識や経験が増えているだけなのでしょうか？

私 いえ、単純に知識や経験が増えているだけではないと思います。そこには、蓄積した知識や経験をもとに、新たな知識や経験を取り入れたり、既存の知識や経験を組み合わせて、何か新しいものを生み出したり、というような現象が起こっている気がします。

室積 いいですね〜。知識や経験の総量が単純に増加するのではなく、これまでの知識や経験をもとに新たな情報を咀嚼したり、既存の知識や経験を組み合わせることによって、新たなものを創出するというイメージですね。その通りだと思います。

私 室積さんに認められると、なんだか嬉しいですね（笑）。

室積　はは、そうですか（笑）。山口さんが指摘したことをまとめると、私たちの意識が成熟していくと、器に取り入れることができる知識や経験が増えるだけではなく、そうした知識や経験を咀嚼し、統合するような機能が質的に変化していくということになります。この点を考えてみると、もし意識段階が異なる人が二人いて、同じ知識や経験を与えるとどんなことが起こると思いますか？

私　そうですね、意識段階が異なるというのは、知識や経験を加工する力が違うということなので、同じ知識や経験を与えられても、アウトプットが全く異なるのではないかと思います。いかがでしょうか？

意識の発達

室積　まさにその通りですね。それが、意識の発達の面白いところなのです。これまでのところを要約すると、**私たちは意識段階の違いによって、世界の見え方が異なっており、知識や経験の取り入れ方も違えば、各人固有の容器によって加工されたアウトプットも質的に異なるものになる**、ということが言えます。

私　いや〜、とても面白いですし、納得感がありますね。

室積　実は、発達理論が述べていることは意外とシンプルです。小難しい概念が多数存在するのは事実ですが、発達理論の本質的な部分は、私たちの普段の生活から導き出される知識や経験にあると言っていいでしょう。

私　私もそのように感じました。そう聞くと、なおさら会社員としての自分に置き換えて、ますます発達理論を学習したいと思うようになりました。発達理論をより深く学んでいきたいのですが、どうすればよいでしょうか？

室積　そうですね。まずは、現存する発達心理学者の中でも、特に優れた業績を残しているロバート・キーガンの理論から学んでいくのがいいと思います。キーガンは、ハーバード大学教育大学院の教授で、「成人発達理論」の大家です。彼の理論は、実にシンプルでありながら、奥深さもあるので、まずはキーガンの理論から学んでみるのがいいと思います。

私　なるほど、ちょっとメモしますね。「ハーバード大学教授のロバート・キーガン」っと。はい、メモしておきました。あっ、気付かない間に、今日もあっという間に時間が過ぎていますね（笑）。それでは、今日の終わりとして、簡単にキーガンの理論について教えていただけますか？　本当に簡単に（笑）。

室積　念押しされましたね（笑）、わかりました。今日は、キーガンの発達理論の概要と、いくつか大切な考え方を紹介しましょう。

私　よろしくお願いします。

室積　まず、キーガンの発達理論のポイントは、「**私たちの意識は、一生涯にわたって成長・発達していく**」という点です。そして、重要なことは、**意識の成長・発達は、一概に年齢によって決定されるわけではない**、ということです。

私　なるほど。私たちは一生涯にわたって成長・発達を遂げていき、それは年齢によって左右されるわけではないと。

室積　そうです。例えば、新入社員の中には、とても二〇代とは思えないようなしっかりとした考え方を持っている人もいますよね？　それと同じく、四〇代や五〇代にもかかわらず、とても幼稚な世界観を持っている人がいらっしゃるのも事実だと思います（笑）。

私　確かに（笑）、今思い浮かべるだけでも、その話に当てはまる人が何人かいます（笑）。

成人以降の四つの意識段階

室積　そして、キーガンの発達理論の醍醐味は、意識段階を五つに分類している点です。ここでは、成人以降の発達について話をしているので、正確には四つですが。

私　なるほど〜、キーガンの理論を用いれば、成人以降の意識段階は、四つに分類できるということなのですね。

室積　より厳密には、四つの段階をさらに四つに細かく分類し、合計で一六個の段階があります。

私　え〜っ、一六個もあるんですか！　ほろ酔い気分のこの状況で、一六個の特徴を全て理解できる自信がないのですが……。

室積　ご安心ください。今日は、一六個の特徴について一つ一つ見ていくことはしませんし、今後取り上げるとしても、主要な意識段階である四つの段階特性だけを押さえていただければと思います。

私　それを聞いて安心しました〜。

室積　四つの段階特性は、いずれお話しするとして、私たちの意識の発達に関して、キーガンが述べている重要な指摘をいくつか紹介しましょう。

まず、意識構造は、私たちの世界観を規定したり、知識や経験を咀嚼・統合することを規定したりするものでした。そこで、山口さんにお聞きしたいのですが、結局のところ、意識構造にはどんな機能が備わっていると思いますか？

私　意識構造に備わっている機能ですか？　これまた難しい質問ですね……。申し訳ありません、ちょっと想像できません。

室積　いえいえ、謝っていただく必要はありませんよ。確かに難しい問いでしたから。実は、**意識構造には、「意味を付与する機能」が備わっている**のです。

私　「意味を付与する機能」ですか？

室積　はい。私たちは、四六時中、絶えず頭の中で意味を作っており、それを可能とさせるのが意識構造の働きなのです。

私　わかりやすく説明してくれませんか？

室積　はい。私たちは絶えず、意味を構築しながら生きているという特徴を踏まえ、キーガンは「人間は意味を構築することを宿命づけられた存在である」と述べています。これはまさにそうですよね。私たちは、何かの現象に出くわすと、それに対して意味づけをして解釈しようとします。もはや意味など構築できないと思われるような絶望のさなかにあっても、私たちは何かしらの意味を見出そうとします。

例えば、実存心理学で有名なヴィクトール・フランクルは、第二次世界大戦中、ユダヤ人の強制収容所という非常に過酷な状況の中にあっても、人は人生に対して意味を見出す内在的な力を持っているということを発見しました。逆説的ではありますが、「この人生において、生きる意味などない」というのも、まさに一つの意味であることに違いはありません。
つまり、私たちは、キーガンが指摘するように、意味を構築することを宿命づけられているのです。

私　そう言われると、本当にそうかもしれませんね。私も何か失敗したときに、「この失敗は、今は少し辛い気持ちになるかもしれないが、必ず次の体験に活かせる素晴らしい経験である」と思うようにしています。これもまさに、失敗に対して何かしらの意味を作っていることに他なりませんよね。

室積　はい、その通りです。キーガンの「人間は意味を構築することを宿命づけられた存在である」という素晴らしい指摘は、実は、キーガンの師匠であるウィリアム・ペリーという発達論者の考え方に基づいているのです。
ウィリアム・ペリーもハーバード大学教育大学院に在籍していた教授で、彼は「人間を人間たらしめているのは、意味を構築することである」という言葉を残しています。ここからも、キーガンは、ペリーの思想的系譜を受け継いでいることが伺えます。

私　なるほど。「人間を人間たらしめているのは、意味を構築することである」という言葉は非常に深いですね……。

意識の成長が見えなかったものを見えるようにする

室積 ええ、私も思わず唸ってしまうような言葉です。もう少しお時間は大丈夫ですか？

私 はい、大丈夫です！ キーガンの理論についてもう少しお話を伺いたいです。

室積 それでは、キーガンの理論を学ぶにあたって、もう一つ重要なのは、キーガンが説く「**主体・客体理論**」と呼ばれるものをしっかりと理解することです。

私 「主体・客体理論」ですか……、何やら、また難しそうな理論ですね（笑）。

室積 名称はお堅いですが、実際のところ、非常にシンプルな理論なのです。主体・客体理論の核心部分を一言で表すと、**人間の意識の成長・発達は、「主体から客体へ移行する連続的なプロセスである」**ということを述べているにすぎません。

私 もう少しわかりやすく教えていただけますか？ 「主体」とは何で、「客体」とは何なのかがよくわかっていません……。

室積 主体というのは、「**認識主体**」のことを指しています。今あれこれと思考を巡らせている山口さんがいらっしゃいますよね？ この瞬間に様々なことに思考を巡らせている存在のことを「認識主体」と呼ぶと思っていただけるとわかりやすいと思います。

私　なるほど、今あれこれと考えている私そのものが「主体」ということなのですね。

室積　はい、その通りです。頭の中で何かに気づいている自分、何かを考えている自分のことを主体と呼びます。

私　それでは、「客体」とは何でしょうか？

室積　客体というのは、一言で述べると「**認識対象**」です。もう少しわかりやすく言うと、認識主体である山口さんが今何かを考えているとしたら、その考えている対象物のことを「客体」と言います。

私　あぁ、なるほど。ということは、もし私が目の前のワインについてあれこれ考えていたら、目の前のワインが「客体」になるということですね。

室積　そうです。そして、キーガンの主体・客体理論で大事な点は、**意識の成長・発達が進めば進むほど、認識世界が広がっていき、これまで捉えることができなかったものが見えてくるようになる**、ということです。

言い換えると、意識の成長・発達とは、客体化できる能力がどんどん高まることを指しており、結果として、認識できる世界が広がっていくということなのです。

私　それは面白いですね〜。「主体」とは何か、「客体」とは何か、そして、意識の成長・発達が進めば、認識できる世界が広がるというのはわかりました。

それでは、室積さんが先ほどおっしゃっていた「主体から客体へ移行する連続的なプロセス」というのは、どう意味でしょうか？

室積　はい、それは大事な点ですね。先ほど、キーガンの理論において、成人以降には四つの意識段階がある、と話したのを覚えていらっしゃいますか？

私　はい、覚えています。

室積　例えば、私たちが最初の意識段階にいるとしましょう。そのとき、主体である私たちは、その段階を通じて世界を認識しています。レンズや器、あるいは建物の喩えをここで思い出してください。私たちの世界観は、意識段階によって規定されているんでしたよね。これはつまり、客体として認識できる世界は、現時点での自分の意識段階によって決定づけられているということです。

私　少し頭が混乱しそうなのですが、ということは、現時点での意識段階が私たちの主体ということですか？

室積　まさにその通りです。私たちは、現時点での意識段階のレンズを使って、この瞬間の世界を認識しています。そのため、「現時点での意識段階＝主体」と捉えていただければと思います。

私　なるほど、少しスッキリしました。

室積　ここまで理解していただくと、「意識の成長・発達とは、主体から客体へ移行する連続的なプロセスである」という意味が見えてきたのではないでしょうか？

私　はい。ひょっとすると、意識が成長・発達するというのは、ある意識段階（主体）から次の意識段階に移行するプロセスを指しており、これまで見えなかったものがどんどん見えてくる、という意味でしょうか？　ただ、「主体から客体へ移行する」という意味をまだ掴んでいません。

室積　あと一歩のところまで来られていますね。主体から客体へ移行するという意味を考える際に有効なのは、「自分は現時点での自分のレンズを見ることはできるか？」という問いを考えてみることです。いかがでしょうか、山口さんは自分が今かけている世界を認識するためのレンズを見ることができますか？

私　そう言われると、自分が今どんなレンズをかけて世界を見ているのかいまいちわかりません。

室積　実はそれが自然なのです。私たちは、ある意識段階にいるとき、それが認識主体となっているため、その認識主体を客体化させることができないのです。つまり、自分がどんなレンズをかけているのかがわからないということです。私たちはある意識段階から次の意識段階に成長して初めて、過去にどんなレンズをかけていたのかを把握することができるのです。例えば、五年前や一〇年前にどんな世界観を持っていたのかを振り返ることができますよね？　これはまさに、意識段階が成長することによって、これまで主体であったがために認識することができなかったレンズを客体化させることができるようになったからなのです。

私　なるほど！　それが「主体から客体への移行」という意味なのですね。

室積　はい、そうです。私たちは必ずどこかの意識段階にいます。そして、世界の見える範囲や見え方は、意識段階によって決定されます。

つまり、現在の意識段階は主体と同義であり、主体の段階によって客体として認識できる範囲が決められているということです。

最後に話をまとめると、私たちの意識が成長すればするほど、言い換えると、**ある意識段階から次の意識段階へ移行していけばいくほど、客体化できる範囲が広がり、世界の捉え方が変化していく**ということです。

私　今夜もいろいろと新しい発見がありました。ありがとうございます。

——あっ、そうだ、室積さんに名刺をもらっておかないと。

室積さん、よろしかったら名刺交換をさせていただけませんか？

室積　あっ、そういえば、名刺交換していませんでしたね。改めて、ご挨拶します。人財開発コンサルタントの室積敏正です。

私　京王電工開発部の山口光です、ははは（笑）。室積さんとは古くからの付き合いのような気がするので、いまさら挨拶するのも変ですよね（笑）。

室積　ははは、私もそんな気がしていたんですよ。ワインバーでまさか発達理論について話すとは思ってもいませんでしたし、今日もロバート・キーガンの「主体・客体理論」と呼ばれる小難しい理論の話になりましたしね（笑）。

私　確かに、ワインバーでこのような話を真剣にしていたのが不思議ですね（笑）。私自身、発達理論についてもっと学びを深めていきたいと思うので、また室積さんとお会いさせていただくことは可能でしょうか？

室積　ええ、喜んで。

私　ありがとうございます！　次回お会いさせていただくまでに、自分なりに発達理論に関する学びを深めていきたいと思います。室積さんから何かアドバイスをいただけないでしょうか？

室積　それでは、次回までに今日話題になった「主体・客体理論」について調べてみるというのはいかがでしょうか？

私　そうですね、主体・客体理論は少し難しかったので、自分なりに調べてみて、理解を深めてみます。

室積　次回お会いできることを楽しみにしています。

室積さんと再会できた喜びを噛み締めながら、私は銀座の街を後にした。

帰路、今日の話をもう一度自分の頭の中で振り返ってみた。そうやって、室積さんとの会話を思い出してみると、発達理論には、自分のこれからの人生やキャリアに光を照らしてくれる何かがあるように思えてくるのだった。

発達理論は自分の人生にどんな意味をもたらしてくれるのか？

今の自分の仕事やこれからのキャリアに対して、何をもたらしてくれるのか？

第二章

自分に関係することにしか関心を寄せない部下

道具主義的段階への対処法

ワインバーでの三回目の講義

前回、室積さんとお会いしていろいろと教えてもらってから一ヵ月が経とうとしている。この一ヵ月で自分なりに発達理論について理解が深まったが、やはり専門家から直接教えていただくほうが学びが深まると思い、室積さんに連絡してみることにした。

私　あっ、もしもし。室積さんですか？　山口です。突然すみません、今お時間よろしいでしょうか？

室積　あぁ、山口さん。こんにちは。はい、今大丈夫です。

私　ありがとうございます。前回お会いしてから一ヵ月経ちますが、また室積さんからお話を伺いたいと思い、連絡しました。いかがでしょうか？

室積　了解いたしました。それでは、今週金曜日の夜七時に、例のバーでどうでしょうか？

私　どうもありがとうございます！　今週の金曜夜七時、大丈夫です。どうぞよろしくお願いいたします。

室積　それでは、お会いできることを楽しみにしています。

室積さんと久しぶりに会う約束を取り付けた私は、早速、どんなことを室積さんに質問したいのかリストアップしてみることにした。

まずは、室積さんの仕事内容について少し聞いてみたい。これまで、自分の話ばかりを聞いてもらっていたため、室積さんがどのような仕事をされているのか、いまいちよく把握できていないからだ。

それから、ロバート・キーガンの発達理論には五つの段階があり、成人以降の四つの段階について、具体的に教えてもらうことにしよう。

私　室積さん、こんばんは！　お待たせしてすいませんでした。

室積　いえいえ、私も今到着したところですよ。ほら、ちょうど山口さんと私のワインが出てきましたね。

私　もう注文してくださっていたのですね。どうもありがとうございます。それでは、今日もどうぞよろしくお願いします、乾杯！

室積　乾杯！

私　前回以降、また自分なりに発達理論について調べてみました。やっぱり、発達理論は奥が深いですね〜。自分であれこれ調べていても、どうも理解が進まないところがたくさんありました。

室積　そうですか、それでは復習してみましょう。前回の話の中で、どんなところが印象に残っていますか？

私　そうですね。ロバート・キーガンの発達理論をもとにすると、成人には、四つの意識段階があるということですね。私たちは、一生をかけて、この四つの段階を通過していくという話をよく憶えています。

室積　なるほど、キーガンの四つの段階モデルの話ですね。その他には、どんなことが印象に残っていますか？

私　それ以外だと、ちょっとわかりにくかった「主体・客体理論」です（笑）。この理論を説明する前に、私たちの意識段階は、まるでレンズのようであったり、器のようであったり、あるいは建物に喩えられるという話も印象に残っています。

室積　なるほど、確かにいくつかの喩えを紹介しましたね。それでは、「主体・客体理論」というのは、どんな理論でしたか？

私　まず、主体というのは「認識主体」を指し、客体というのは「認識対象」を指しています。主体とは現在の自分の意識段階のことだったと記憶しています。そして、私たちは、現在の自分の意識段階を認識することはできず、ある意識段階から次の意識段階に成長することによって、初めてこれまでの意識段階を客体として捉えることができるようになってくる、そういう理論でしたよね？

室積　山口さん、まさにその通りです。では、前回以降、また自分なりに発達理論について調べてくださったということで、何か疑問点とかが湧いてきましたか？

私　ええ、いくつか出てきたのですが、その前に室積さんの現在のお仕事内容について伺ってもよろしいでしょうか？　前回、名刺だけいただいて、肝心の仕事内容についてお話を聞くのを忘れていたので。

室積　えぇ、いいですよ。今私は、成人発達理論をもとにした人財開発コンサルティングサービスを日本企業に提供しています。また、それに付随して、発達理論の枠組みに基づいた「発達支援コーチングサービス」も提供しています。

私　室積さんにお会いして、成人発達理論という言葉を初めて聞いたのですが、その理論をもとにしたコンサルティングサービスやコーチングサービスというのもあるのですね。それらのサービスがどういったものなのか、もう少し具体的に教えていただけますか？

室積　はい、もちろんです。発達理論というのは、成長・発達プロセスとそのメカニズムを明らかにしてくれる理論体系です。そうした発達理論の枠組みをもとにした人事評価の仕組みを企業に提供することによって、組織のメンバーが今どの発達段階にいるのかを明らかにしていくサービスがまず一つめです。

私　なるほど〜。発達理論を人事評価の手法として活用していくということですね。

室積　おっしゃる通りです。ですが、ある意味、そうした人事評価というのは、現在の発達段階を明らかにすることだけにとどまります。そのため、今の発達段階を明らかにした後に、そこから成長支援をしていくことが大事になります。

言い換えると、発達理論に基づいた人事評価というのは、成長・発達プロセスにおいて、その人が今どこにいるのかという現在地を把握することに過ぎません。現在地から将来へ向けた成長・発達を支援していくことが私の大きな役割です。

私　なるほど、そこでコンサルティングやコーチングが大事になってくるのですね。

室積　はい、その通りです。発達理論には、私たちがさらなる成長・発達を遂げていくために有益な考え方や手法が、たくさん詰まっているのです。成長・発達支援に有益な理論や手法を活用しながら、私はコンサルティングやコーチングを行っています。

私　そういうことなんですね！　だんだんと室積さんのお仕事内容がわかってきました。どんな人たちを対象にしておられるのですか？

室積　今は国内企業を中心に、次世代リーダーと呼ばれる人たちや中間管理職の方たちの成長・発達支援に携わることが多いですね。

私　「次世代リーダー」や「中間管理職」……、それって、まさに今の私が置かれている立場と同じじゃないですか（笑）。実は、わが社でも「次世代リーダー育成プロジェクト」のようなものが立ち上がっており、私も次世代リーダーの候補生として、そのプロジェクトに参加しています。

ですが、「育成」が目的のそのプロジェクトに参加していても、自分が成長できている実感が全く持てないんですよね〜。こうしたプロジェクトにこそ発達理論が使えるんじゃないかと思います（笑）。

室積　そうおっしゃっていただけると嬉しいです（笑）。

利己的段階――極めて自分中心的な認識の枠組み

私　室積さんのお仕事内容をだいぶ掴むことができました。ここから少し、発達理論の話に移っても大丈夫でしょうか？

室積　えぇ、構いません。

私　確か、この間、ロバート・キーガンの発達理論には、大きく分けて五つの意識段階があり、成人以降は四つの段階があるとおっしゃっていましたよね？　今日は、そのあたりのお話をしていただけますか？

室積　了解しました。四つの発達段階をすべて説明するにはちょっと時間が必要ですから、今日はまず、最初の発達段階を説明しましょう。

私　はい、よろしくお願いします。

室積　キーガンが提唱する発達段階モデルにおいて、成人以降に話を絞ると、「発達段階2」がスタートの段階になります。

私　ということは、それ以前の段階は成人前に見られるということですね？

室積　その通りです。キーガンは、発達段階1も提唱していますが、それは成人期よりも前に見られる段階です。

私　なるほど。

室積　そして、段階2は「**利己的段階**」とか「**道具主義的段階**」と呼ばれています。

私　段階2は「利己的段階」あるいは「道具主義的段階」と呼ばれるのですね……、ちょっとメモします。

室積　「利己的段階」という名前を聞いて、どんな特徴があると思いますか？

私　そうですね……、利己的な振る舞いをするような印象を受けるのと、自分勝手なイメージがありますね。

室積　まさにその通りです。一言でこの段階を表現すると、「**極めて自分中心的な認識の枠組みを持っている**」と言えます。この段階は、自分の関心事項や欲求を満たすことに焦点が当てられており、他者の感情や思考を理解することが難しいのです。

私　なるほど、利己的段階は、自分中心の世界観を持っており、自分の関心ごとや欲求を満たすことに焦点が当てられているのですね。あっ、もしかして、「自己チュー」と呼ばれるのは、この段階の特徴ですかね？

室積　えぇ、そうです。「自己チュー」というのは、常に自分が中心であり、周りの人の考えや気持ちに思いが至らないことを指す言葉なので、段階2である利己的段階の特徴と同じだと思っていただいて結構です。

道具主義的段階——自分のために他者を道具のようにみなす

私　それでは、別名の「道具主義的段階」というのは、どういう意味ですか？

室積　はい、発達段階2の人たちは、**自らの関心事項や欲求を満たすために、他者を道具**

のようにみなすという意味から「道具主義的段階」と呼ばれています。

私　そういう意味なんですね～。そういえば、社内でも「あいつは使えない」「この人は使える」という表現を耳にすることがあるのですが、これらも道具主義的段階の現れですかね？

室積　その人がどういう意味でそれらの言葉を使っているのか精査する必要がありますが、もしかしたら他者を道具のようにみなす段階2の可能性がありますね。

私　面白いですね～。その人がどんな言葉を使っているかによって、その人の発達段階がわかってしまうのですね。

室積　厳密に言うと、どんな言葉を使っているか以上に、それらの言葉をどのような意味で、どういうふうに使っているのかで発達段階が明らかになっていきます。実際に、私はインタビューや文章記述形式の方法で発達段階の測定をするサービスも行っていますが、発達段階の測定の際に重要になってくるのは、まさにその点なのです。

私　単純にどんな言葉を使っているかに着目するのではなく、どういうふうに使っているか、ということが大事なんですね。

室積　キーガンも「**どういう言葉をどんなふうに使っているかが、人となりを定義する**」と言っています。どんな言葉をどういうふうに使っているかは、その人としてのあり方を映し出す、というのは確かにそうですよね。また、同じ言葉を使っていても、人によって、その言葉の響き方が全く違ったりすることも頻繁にありますよね？

私　確かによくありますね～。

室積　こうした違いは、どこから生まれているのかというと、意識段階の違いからです。意識段階が成長・発達していくと、物事の深みが捉えられるようになるという話を覚えていますか？

　意識段階が異なると、まさに、言葉の意味が持つ深みを捉えられる度合いが変わってくるため、同じ言葉を使っていても、言葉に重みのある人、軽い人の違いが生まれてくるのです。

私　へぇ～、そうなんですか！

室積　ちなみに、発達段階2の人は成人人口のおよそ一〇パーセントほどいると言われています。

私　成人人口の一〇パーセント……、私の会社の一〇人に一人が段階2の人か……。あぁあっ、まさに今私がコミュニケーションに苦戦している部下は、段階2のような特徴を持っている気がします！

チームワークが苦手で、自分勝手な部下

室積　その方について、詳しく教えてもらえますか？

私　はい、彼は今年の新入社員で、端的に言うと、とても自分勝手なんです。彼は、チームワークが苦手で、どうも自分でなんでもできると思っている節があります。

室積　なるほど、その方は、新入社員で自分勝手なところがある……。最近の仕事ぶりを見ていて、特にどんなところが自分勝手だと思いましたか？

私　そうですね……、例えば、まだ仕事の手順をきちんと覚えていないのに、自分一人で仕事を進め、こちらから指導しようとすると、それに対して聞く耳を持っていないような印象を受けます。その他にも、「やりたい仕事」と「やりたくない仕事」の違いが露骨で、自分がやりたくない仕事は一切引き受けないような身勝手さが目立ちます。

室積　なるほど。「やりたい仕事」と「やりたくない仕事」を明確に区別するというのは、ある意味、白黒をはっきりさせるスタンスということでしょうか？

私　う～ん……、そうかもしれません。

室積　そう考えると、その方はもしかしたら、段階2の可能性がありますね。段階2の人

は、自分中心的な発想で動いているだけではなく、白黒をはっきりさせるような「**二分法的な世界観**」を持っているからです。この世の中には、白と黒で明確に区別できないような事柄が満ち溢れています。

しかし、段階2の人は、認識できる世界が狭いので、どうしても白と黒という二分法的な視野で世界を捉えようとするのです。

私　「二分法的な世界観」というのは面白い言葉ですね。そう言われてみると、確かに、その部下は段階2のような特徴を持っています。最初にお話ししたように、こうした部下をきちんと育てることが私の役割でもあります。どうやったら、彼をしっかり育てていくことができるのか……、そのあたりに大きな課題を抱えています。

室積　なるほど。より具体的にはどんな課題でしょうか?

私　そうですね、彼に成長してもらいたいという思いが強い一方、どのように仕事を振ったらいいのかわからないのです。さっきお話ししたように、彼は自分の嫌いな仕事に対して露骨に嫌な表情をするので。

室積　山口さんは、彼にもっと成長してもらいたいという思いを持っており、どういうふうに仕事を振っていったらいいのか悩んでいるということですね。

私　はい、その通りです。

部下について何も知らなかった私

室積　それでは、最初に教えていただきたいのですが、山口さんは彼についてどのようなことを知っていますか？

私　彼についてどのようなことを知っているか、ですか？　出身大学ぐらいは知っていますが……。そう言われると、もしかしたら彼についてほとんど知らないかもしれません。振り返ってみると、彼とのコミュニケーション量が不足していたような気がします。

室積　それはいいところに気がつきました。それでは、彼の育成方法について考える前に、彼がどういった人物なのかを把握する必要がありそうですね。そのためには、どんなことが必要になってきそうですか？

私　そうですね、繰り返しになってしまうかもしれませんが、彼についてもっと知るために、会話の量を増やすことだと思います。発達理論を学びながら、徐々に自分についての理解が深まってきているのを感じるのですが、私の周りにいる他者についての理解がまだ浅いなと気づかされました。孫子の兵法でも「敵を知り、己を知れば、百戦危うからず」とあるように、まずは敵を知らないといけませんね（笑）。

室積　ははは、部下は「敵」ではないですよね？（笑）

私　ははは、喩えを誤りました（笑）。とりあえず、その部下とゆっくり話す時間を作ってみて、彼についてもっと理解したいと思います。

室積　いいですね。それでは、彼についてまずどんなことを知りたいですか？

私　今後のキャリアプランや仕事観などでしょうか？　彼がどのようなキャリアプランを持って、今の仕事に取り組んでいるのか不明確なので。

室積　なるほど……、山口さん自身が新入社員だとして、いきなり課長に呼ばれ、課長から「山口さんのキャリアプランはなんですか？」「山口さんはどんな仕事観を持って日々の業務に携わっていますか？」と聞かれたらどうでしょうか？

私　あっ、間違いなく引きますね（笑）。

室積　そうですよね（笑）。いきなり課長に呼ばれて、キャリアプランや仕事観について根掘り葉掘り聞かれたら、面食らってしまいますよね。そうしたことを踏まえると、まずどんなことを聞いていくのが良さそうですか？

私　そう考えると、仕事の話というよりも、趣味の話なんかがいいのかもしれませんね。

室積　私もそう思います。

私　はい、そこから始めてみたいと思います！　やっぱり、室積さんに自分の話を聞いていただけると、自分の頭の中がいろいろ整理される気がします。
あっ、もしかして、これが、室積さんが携わっておられるコーチングですか？

室積　完全に同一のものではありませんが、確かにコーチングのときと同じような聴き方で、山口さんのお話を伺っていたかもしれませんね。

私　室積さん、もしよろしかったら、私のコーチになっていただけませんか？　発達理論というものをもっと学んでみたいという気持ちと同時に、発達理論をもとにしたコーチングを受けて、自分自身がより成長していく必要性を強く実感しているんです。

室積　わかりました。実は、現在は法人契約しか結んでおらず、個人の方にコーチングを提供していないのですが、山口さんとの出会いは何かのご縁だと思うので、私にできることであれば、ぜひお手伝いさせていただければと思います。

私　どうもありがとうございます！　それでは、今後はどういう流れで進めていけばいいでしょうか？

室積　そうですね。コーチングをする際には、達成したい目標や課題というものを設定していただく必要があります。課題に関しては、まずは先ほどの部下とのコミュニケーションでどうでしょうか？

私　はい、そうさせてください。

室積　了解しました。それでは、今後は二週間に一回のペースでコーチングセッションを行うのはいかがでしょうか？　日時や場所は、改めて決めるとして。

私　はい、ＯＫです！

室積　それでは、次に会うときまでに部下とのコミュニケーションについて、どんな気づきがあったかメモを残すなり、記録しておいていただけますか？

私　わかりました！　それでは、二週間後によろしくお願いします。

こうして私と室積さんとのコーチングが始まった。「意識発達理論」や「知性発達理論」とは何なのか全く知らなかった私が、この領域に関心を持ってまだ日が浅い。

しかし、室積さんと話をするうちに、人間の成長・発達プロセスについてもっと知りたいという思いがどんどん強くなり、気づいてみれば、発達理論に基づいたコーチングを受ける立場になっているなんて、なんだか不思議な感じがする。

室積さんのコーチングを受けて、自分がどのように成長していけるのか……。もしかしたら、変わらないのかもしれない。

だけど、自分の内側で何かが動き出しているのは間違いない。この感覚を大事にし続けていけば、その先には成長した自分がいるかもしれないなとも思う。
とりあえず、早速明日、例の部下と会話の時間を持ってみよう。

自分勝手な部下への見方が変わる

室積　あっ、もしもし、山口さんですか?
私　はい、山口です。
室積　こんにちは、室積です。前回お会いして以降、例の部下の方とのコミュニケーションについて、進展はいかがですか?
私　おかげさまで、いろいろな気づきがありました。
室積　是非ともお聞きしたいですね〜。それでは、次回のセッションですが、△月×日土曜日の午後二時に帝国ホテル一階のラウンジでお会いするのはいかがでしょうか?

——帝国ホテルのラウンジ?　なかなか高級感のある感じだな〜。

私　了解しました！　△月×日土曜日の午後二時に帝国ホテル一階のラウンジですね。どうぞよろしくお願いします。

室積　こちらこそ、よろしくお願いします。

私　室積さん、こんにちは！

室積　あぁ、山口さん、こんにちは、ここのラウンジ、待ち合わせにいいんですよ。

私　いや〜、ここなら落ち着いて話せそうですね。

室積　そう言っていただけて何よりです。前回から二週間が経ちましたが、いかがですか？

私　そうですね。まず、彼と対話の機会を持つことによって、これまで彼のことを全然知らなかったんだなということに気づかされました。これは当たり前のことかもしれませんが。やっぱり、彼の話をしっかりと聞く機会を作ることによって、彼の良さもわかってきました。

室積　それはよかったです。彼の良さについて、具体的にどのようなことに気づきましたか？

私　はい、確かに、彼は利己的な面もありますが、一つの仕事に集中する力は評価できます。彼の話を聞く中で、趣味への力の入れようが相当なこともわかりました。こうした彼の良さを活かしながらも、課題であるチームワーク力を高めるにはどうすればいいのか、今日はそこのところをお聞きしたいと思っています。

室積　なるほど、彼は、一つの仕事への集中力がすごいのですね。現段階で、山口さんは、何をすれば、彼の良さを引き出しながら、彼にチームワーク力を高めていってもらえると思いますか？

私　……、皆目見当がつきません。

室積　う〜ん、それでは、その方法を一緒に見つけていくのはどうですか？

私　そうしていただけると助かります。

室積　了解いたしました。その前に、まずは発達段階2について振り返りたいのですが、この段階はどんな特徴を持っているか覚えていますか？

私　はい、この段階は、通称……そうだ、「利己的段階」や「道具主義的段階」と呼ばれているんでしたよね。その特徴としては、自分自身の関心事や欲求に縛られており、自分中心の世界観を持っているということです。そして、白と黒をはっきりさせるという、二分法的な思考方法を持っています。

発達段階2の人が抱える大きな課題

室積　その通りですね。今、山口さんのお話を聞きながら、まだ説明し足りないことがあったことに気づきました。二分法的な思考方法に関して、発達段階2の人は、ある大きな課題を抱えています。

私　大きな課題？　何のことですか？

室積　はい、段階2の人は、世界を白と黒とで見るだけではなく、**自分の世界と他者の世界を真っ二つに分けてしまうような認識の枠組みを持っている**のです。その結果として、どのようなことが起こると思いますか？

私　自分の世界と他者の世界が真っ二つに分かれているということは、他者の世界について全く理解が及んでいないということですか？

室積　そうです。言い換えると、自分中心の認識の枠組みを持っているため、他者がどのように考えているのか、他者はどんな想いからその行動を取っているのかを考える力がまだ十分備わっていないのです。

私　ということは、そのあたりの力を伸ばす手助けをしてあげれば、彼のチームワーク力が向上するということですか？

室積　そうなんですよ。そもそもチームワークには、チームのメンバーがどんな考えに基づいて行動しているのかを把握する力が不可欠なんです。要するに、他者がどんな考えを持っていて、どんな感情を持っているのかを理解する視点が必要だということです。

私　なるほど。そうすると、彼にチームワーク力を身につけてもらうためには、自分中心的な世界観から脱却してもらえるように、他者の視点を理解するような働きかけをすればいいということでしょうか？

室積　理論上はそうなります。発達段階2は、自分以外の他者がどのように考えているのか、どのような感情を持っているのか、という「二人称の視点」が十分に備わっていません。そして、成長して、発達段階3に到達するときには、この「二人称の視点」が花開くことになります。

そのため、彼のチームワーク力を高めつつ、彼自身の意識の成長を考えると、他者の視点を取るような訓練を積む機会を与えてあげることがポイントになります。

私　なるほど、そのようなプロセスで、段階2から段階3へ成長していくのですね。それでは、具体的にどのように彼と接すれば、他者の視点を理解できるようになりますか？

問いを投げかける

室積　ここでも彼と対話をしてみるというのはいかがでしょうか？
例えば、彼に「君の先輩である○○さんは、どういう意図で君にこの仕事を頼んでいると思う？」という問いかけは、彼にとって、まさに先輩である○○さんの視点に立ってみるという訓練になると思います。ポイントは、**自分中心の視点から一歩離れた視点を取ってもらうような問いを投げかける**ということです。

私　なるほど、自分中心の視点から一歩離れた視点を取ってもらうような問いを投げかければいいのですね。

室積　そうですね。端的に言ってしまえば、発達段階2は、「相手の靴を履くことができない」のです。そのため、相手の立場に立って物事を考える問いかけをしてあげることが重要になります。

私　実は、私は相手の話を聞くことだけではなく、質問をすることも苦手なんです……。問いを投げかけるというのは、少し回り道のような気がしていて、先輩の○○さんがどのように考えているかを彼に直接教えてあげるのではだめでしょうか？

室積　それは、良いとか悪いとかの話ではなく、先輩の○○さんがどのように考えているかを彼に直接教えたとしても、彼はきっと理解できないと思います。キーガンが指摘しているように、私たちは、決して自分よりも上の発達段階の世界観を認識することができません。発達段階2の特性が強い彼にとって、他者の視点を取ることは、現段階ではなかなか難しい課題だと思います。

そのため、彼の認識の枠組みを超えて、他者がどのように考えているかというある種の答えを提示したとしても、効果はほとんどないと思われます。そのため、彼に問いを投げかけ、自分の力で認識の枠組みを少しずつ押し広げていくアプローチを採用するほうが望ましいと思います。

私　なるほど、確かにそうかもしれませんね。ただ、直接答えを教えずに、問いを与え続けるというのは、何やら時間のかかる作業ですよね？

室積　その点は非常に大事です。人間の成長・発達というのは、一夜にして成し遂げられるようなものではないのです。言い換えると、私たちは多くの時間をかけて、非常にゆっくりとしたペースで成長・発達を遂げていくのです。

キーガンが指摘しているように、成人は、一つの段階を少なくとも五年から一〇年、あるいはそれ以上の年月をかけて成長していきます。

私　一つの段階を経るのに、少なくとも五年から一〇年もかかるのですか？

室積　はい、もし何も努力しなければ、それくらいの時間がかかってしまいます。人間の成長・発達というのは、それくらいの時間をかけて成し遂げられるものなのです。

ただし、さらなる成長に向けて適切な鍛錬をしていけば、その時間を短縮させることが可能です。しかし、現在の企業社会で問題になっているのは、多くの人がうまく成長を遂げることができずに、足踏みをしていることだと思います。企業社会は、昨今、ますます複雑性を増していますが、そうした複雑性に耐えうるだけの意識段階を多くの人は獲得できていない状況にある、と言い換えてもいいかもしれません。

私　室積さんのおっしゃる通りかもしれませんね。私も含め、多くの企業人は成長をしたいと思ってはいるけれども、実際にはなかなかうまく成長を遂げることができず、停滞していると強く感じています。

以前お話ししたように、現在私が参加している自社の「次世代リーダー育成プログラム」もどこか形骸化しており、成長している実感が持てないのです。こうした停滞感を打開し、企業人を成長させることを室積さんはされているのですよね？

室積　「その通りです」と言いたいところですが、そうとは言い切れないのです。

ピアジェ効果

私　どういうことですか？　室積さんは、発達理論に基づいた人財開発コンサルティングやコーチングをされているのですよね？　ということは、人を成長させることをなされているのではないのですか？

室積　人の成長に関わっていることは間違いありません。山口さんは、発達心理学者のピアジェという名前を聞いたことがありますか？

私　あぁ、そういえば先日、発達理論について調べていたときに、何かの文献で目にした気がします。

室積　さすがですね。色々調べてくださっているようですね。ピアジェは、二〇世紀を代表する発達心理学の権威だった人で、彼はキーガンにも多大な影響を与えています。ピアジェは主に、成人期までの成長・発達について研究をしていました。彼が生み出した概念や理論は、多数存在し、それら一つ一つが重要なのですが、今までの話と関連づけると、「**ピアジェ効果**」と呼ばれる概念を押さえていただくと良いかもしれません。

私　「ピアジェ効果」ですか？

室積　はい。「ピアジェ効果」とは、**無理に成長・発達を促そうとすると、どこかで成長が止まってしまうということを示す概念**です。当時のアメリカにおいて、早期英才教育が盛んに行われており、長期間に及ぶ追跡調査をした結果、無理に成長を強いられた子供たちの多くは、二〇歳を過ぎるあたりでピタリと成長が止まってしまうということが確認されたのです。

私　無理に早期英才教育を施した結果、二〇歳を過ぎてから成長が止まってしまうというのは、とても恐ろしいですね……。

室積　ええ、これは非常に恐ろしいことだと思います。強引な早期英才教育を施すというのは、どこか植物を育てる際に、化学肥料を大量に与えることに等しいと思うのです。

私　なるほど。化学肥料を大量に与えられた植物は、どこかできっとおかしなことになりますよね。最悪のケースは、その植物が死んでしまうということも……。

室積　まさにそうしたことが起こると思いますし、人を無理に成長させようとするのは、そうした危険性を内包しているのです。

私　「ピアジェ効果」という概念からすると、その部下を無理やり成長させようとするような考え方を持っていた私は、危うく間違った方向に進もうとしていたかもしれませんね。

室積　とても大事な点に気づきましたね。以上のことからわかるように、私の仕事は「企業人を無理やり成長させる」ことではないのです。むしろ、私の仕事は、「**適切な課題と支援を与えながら、企業人の方たちに自らの力で成長していただく**」ことにあると考えています。

私　先ほどのピアジェ効果にあったように、**強引に人を成長させようとするのではなく、その人にふさわしい課題と支援を提供しながら、その人自身で変わっていただく**ということなんですね。これはちょっとメモしておこうっと。

　それにしてもこの話は、かなりハッとさせられました。もしかしたらお話ししたかもしれませんが、私には二人の子供がいて、長女は中学二年生なんですね。

室積　はい、お子さんがいらっしゃるというのは伺っていました。娘さんは、中学二年生なんですね。

私　はい。娘は今、反抗期にあり、かなり手を焼いています。娘を育てるときにも、もしかしたら成長を無理強いしていた可能性があるなぁと反省しています。

室積　娘さんとは、これまでどのように接しておられたのですか？

私　そう言われてみると、今話題になっている部下に対する接し方と同じだったような気がしています。相手の考えを聞かずに、こちらから指示を一方的に出して、あれこれやらせるというような……。もしかしたら、このやり方はよくなかったなと思います。

部下と娘のどちらに対して失礼なのかわかりませんが、二人は同じような発達段階にあると思うのです。そう考えると、これまでのコミュニケーションのあり方を変え、二人の発達段階に応じたコミュニケーションをしていきたいと思います。

室積　山口さん、そうなんですよ！　各発達段階には固有の世界観があり、独自の認識の枠組みがあるので、それらを理解した上で、発達段階に応じたコミュニケーションを図っていく必要があるのですよ！

人間の意識段階は置かれている状況で変わる

私　室積さんに同意してもらえると、心強いです（笑）。娘の話で気になったのですが、娘は私の前では利己的に振る舞うけど、妻曰く、学校では違うみたいなんです。

つまり、家では発達段階2のように振る舞っているけれど、学校では友達思いであり、部活動を通じて、集団生活にうまく適応しているようなんです。家と学校で娘の顔が違うのはどうしてなんでしょうか？

室積　とても良いことに気づかれましたね。実は、私たちは一つの発達段階に基づいて生きているわけではないのです。実際には、私たちは複数の発達段階にまたがる「**発達範囲**」を持っています。そのため、置かれている状況や文脈が変わると、発達段階が高くなったり、低くなったりするのです。

私　ということは、私たちは「発達範囲」というものを持っていて、状況や文脈が変わると発達段階が上下動するわけですね。

室積　その通りです。ですので、もしかしたら、家庭における娘さんは、発達段階2のような振る舞いをしており、学校では発達段階3のような振る舞いをしているという説明ができると思います。

私　かなり納得できました。娘は、家庭という状況の中では発達段階2の側面を活性化させ、学校にいるときは、発達段階3の側面を活性化させている。そういうことなんですね。

室積　はい。人間の意識段階は、このような変動性を持っており、置かれている状況や文脈によってダイナミックに変化するものなのです。

私　これはもしかして、状況だけではなく、役割が変化することによって、意識段階が変わるということもありますか？　例えば、課長という立場には変わりはないけど、部下を指導する役割のときと部長に何かを報告するという役割のときとでは、確かに少し違う自分がそこにいる気がするのです。このあたりはどうでしょうか？

室積　**役割が変化することによって、意識段階が変化する**というのは、十分に起こりえます。役割というのも、広い意味では、状況や文脈に含まれるものなので、与えられる役割が変われば、それに応じて意識段階も変わることがあります。

課長という立場で部下を指導する役割が与えられたときと、課長という立場でありながらも部長の部下であるという立場で、部長に何かを報告するときを比べてみると、求められるものも異なるため、意識段階が変化するというのは十分に考えられますね。

私　う〜ん、面白い！　その他にも意識段階が変動する要因はありますか？

室積　他の要因を考えるために、山口さんご自身が会社内で発揮するパフォーマンスを振り返ってみるのはいかがですか？　どんなときに、ご自身のパフォーマンスが変動していると思いますか？

私　そう言われてみると、自分の体調がいいときは当然パフォーマンスがいいと思います。また、何か不安感や苛立ちを覚えているときは、パフォーマンスが下がり、振る舞いが異なると思います。

室積　おっしゃる通り、**他の要因としては、自分の体調や感情状態など**が挙げられます。

私　なるほど。確かに、普段は私の前で段階2のように振る舞う娘も、彼女自身がご機嫌のときは、かなり大人な対応をしているのを思い出しました（笑）。

室積　はは、そうですか（笑）。

私　さらに質問があるのですが、私たちの意識段階が状況や文脈、あるいは感情状態などに左右されるとすると、相当振れ幅が大きいような気がするんです。この表現が正しいのかどうかわからないのですが、どこか多重人格的というか……。

室積　なるほど、それは良い点に気づかれましたね。実は、それは多重人格とはまた違う話なのです。

多重人格というのは、基本的に、自分が自分と思っている人格とは、全く異なる人格が出てきたり、あるいは、別の人格になることによって、自分がしたことを全く覚えていないというようなことが起こるという、一種の精神障害です。また、「人格」という名称が付いているように、多重人格は性格の話であり、意識段階の話とは少し異なります。

意識段階が極端に変わらない理由

私　なるほど、意識段階の変動は多重人格とは違うのか……。

室積　そうなんですよ。意識段階の変動において、人格が別の人格に取って代わられるというわけではないのです。

さらに付け加えると、私たちには「**意識の重心**」と呼ばれるものがあるのです。

私　「意識の重心」ですか？

室積　はい。詳しく説明すると、私たちの意識には、ある種の「重心」のようなものがあって、状況や感情状態が変われば、重心を中心としながら揺れ動くイメージです。重心があるおかげで、極端に意識段階が変わることがないのです。

先ほどの「発達範囲」という概念と合わせて考えると、意識の重心を中心として、状況や文脈、感情状態や役割などの変化に応じて、私たちの意識段階は発達範囲の中を動いていると言えます。

私　そうか、意識の重心と発達範囲があるおかげで、私たちは極端に意識段階を変えることがないのですね。

室積　最新の発達理論の研究においては、意識の重心という概念を認めないような研究結果も確かにありますが、意識に重心構造があるというのはわかりやすいと思うので、とりあえずは、先ほどの説明のように理解していただければと思います。

感情的になる部下への対処法

私　了解しました。それでは、もう少しだけ、部下の話に戻ってもいいですか？

室積　はい。

私　先ほどは、私の部下のチームワーク力を強化する一環として、他者の視点を取ることができるようになってもらうように、問いを投げかけるというアクションプランを立てました。別の問題として、彼は時にとても感情的になることがあって、それに対して、どのように対応したらいいのかも悩んでいます。

室積　なるほど。発達段階2は、自分の感情を客観的に捉えられるような内省力がまだ備わっておらず、感情と同一化しているような状態です。

そのため、怒りの感情をすぐに表に出したり、不満をすぐに口に漏らしたりということがあるのはうなずけます。

私　そういうことなんですね。発達段階2は、**まだ内省能力が十分に備わっておらず、自分の感情を客観的に把握することができないと。その結果、すぐに感情的になってしまったりすることがある**ということなんですね。

室積　そうです。それでは、山口さんは彼に対してどのように対応していますか？　彼が感情的になったときに、具体的にどのような対応をされているのでしょうか？

私　お恥ずかしい話、私も感情的になっているかもしれません……。ということは、私は発達段階2かもしれませんね（笑）。

室積　なるほど、彼が感情的な反応を見せたとき、それに対して、山口さんも少し感情的になってしまうんですね？

私　もちろん、大抵は彼の言い分などを聞きながら冷静な対応をしているつもりですが、もしかしたら、私も感情的になっているのかもしれないなと思いました。感情的な相手に対して、感情的になるというのは「火に油を注ぐ」ようなものですよね？

室積　そうなんです。**発達段階2の人とのコミュニケーションで最も避けなければならないのは**、**相手が感情的になったときに**、**それに対して感情的な反応をしてしまうこと**なんです。

おっしゃる通り、感情的な相手に対して感情的な対応をしてしまうことは、火に油を注ぐようなものだと思います。そうなってしまうと、発達段階2の人に固有の二分法的な思考が強化されてしまい、「相手が言っていることは、絶対に間違っている」「自分が絶対に正しい」というような考え方を強化してしまうことにもなりかねません。

ですので、彼が感情的な態度を示したときこそ、冷静になる必要があります。

私　やっぱり、そうですよね。ですが、ここでもさらに課題があって、じゃあどうやったら冷静になることができるのか、ということです。

室積　確かに、それは「言うは易く、行うは難し」ですね。この課題を解決するために、ちょっと思い出していただきたいのですが、部下が感情的な態度を示しているとき、山口さんの体の中でどんなことが起きていますか？

私　私の体の中でどんなことが起きているかですか？　それは、どういう意味ですか？

室積　ちょっと面食らってしまう質問でしたかね（笑）。当たり前に聞こえるかもしれませんが、意外と忘れがちなのは、私たちの心と身体は密接につながっているということです。日本語の慣用句は実に素晴らしく、私たちの心と身体が密接につながっていることを教えてくれるものがいくつもあります。

例えば、怒りの感情が湧き上がっているときは「腹が立つ」と言ったり、不安なときや落ち着かないときは「浮き足立つ」と言ったりしますよね。

私　確かに、慣用句の中には、心と身体がつながっていることを示してくれる言葉がたくさんありますね。

室積　そういう意味を込めて、先ほどの質問をさせていただきました。いかがでしょう？

部下の感情的な態度を見て、少し冷静でいられなくなっているときに、山口さんの身体の中ではどんなことが起きていますか？

私　そうですね、そう言われてみると頭に意識があるような気がします……、「頭に血がのぼる」というか……。

室積　そうですか、「頭に血がのぼる」感じがするんですね？

私　はい、そんな感じがします。

室積　頭に血がのぼっている状態では、おそらく、冷静に考えることが難しいと思います。その結果として、部下の感情的な態度に対して、こちらも感情的になってしまうのかもしれません。そこで、一つのアクションプランとして、**彼が感情的な態度を示したら、自分の意識を下に下げてみる**というのはいかがでしょうか？

つまり、頭に血がのぼらないようにするために、例えば、自分の足の裏に意識を集中させてみるというのはどうですか？

私　それは、面白そうですね！　彼が感情的な態度を示したら、意識を下に下げてみる。そのときに、足の裏を感じるようにしてみるのですね。

室積　それでは、これも新しいアクションプランの一つにしましょう。これはある意味、自分の感情にとらわれないようにするための「**感情客体化**」の訓練です。もし、自分がどんな感情状態にいるのか把握できていないとしたら、それは、自分が感情と同一化していることを意味します。感情と同一化していると、感情に支配されていることと同義なので、感情的な振る舞いをしてしまいがちです。

私　なるほど〜。これはもしかして、キーガンで言うところの主体・客体理論の応用的な実践でしょうか？

室積　よく気づかれましたね。そうです。認識主体が自分の感情と同一化していると、感情の檻に閉じ込められ、感情的な振る舞いをしてしまうことにつながります。そうしたことを避けるために、自分の感情を客体として捉えることが必要になってくるのです。

言い換えると、感情と同一化するのではなく、感情と距離を置き、感情と「脱同一化」するということです。

私　いや〜、今日もとても勉強になりました。

室積　それでは、今日のセッションの最後に、次回へ向けたアクションプランを山口さんの言葉でまとめていただけますか？　また、今日のセッションを通じて得られた気づきを教えていただけますでしょうか？

私　はい、次回へ向けたアクションプランは、大きく分けると二つあります。

一つめは、**例の部下のチームワーク力を向上させる一環として、「二人称」の視点を養っ**

てもらうような問いかけをすることです。例えば、「先輩の〇〇さんは、どういうことを期待して君にこの仕事を与えていると思う？」というような問いかけがあります。こうした問いかけを続けていくことで、彼とのコミュニケーションもより円滑になっていく気がしています。

二つめは、彼とのやり取りの中で、**彼が感情的な態度を示したときに、頭に血がのぼらないようにするために、自分の意識を足の裏に持っていく**ことです。こうすることによって、感情と同一化することを防ぎ、より冷静に彼と向き合うことができるようになると期待しています。

最後に、今日の気づきに関して言うと、「**人間の成長・発達というのは、多くの時間をかけて成し遂げられるものである**」という室積さんの言葉が強く印象に残っています。これまでの自分は、部下を成長させようとする意識が強すぎて、逆にそれが空回りしていたことに気づかされました。

室積　アクションプランのまとめ、それから、今日の気づきを共有していただき、どうもありがとうございます。それでは、次回のセッションも楽しみにしています。

私　こちらこそ、次回のセッションを楽しみにしています。今日はどうもありがとうございました。

発達段階2の振り返り

ホテルのラウンジを後にした私は、今日のセッションで得られた学びをもう一度、ゆっくりと振り返ることにした。もちろん、室積さんのコーチングセッションを受けるだけでも大きな学びがあるのだが、自分でも学びを深めていく努力をしたいと思うのだ。そこで、今日のメモを見ながら、改めて本日得られた学びを自分の言葉でまとめてみたい。

まずは、発達段階2は「利己的段階」あるいは「道具主義的段階」と呼ばれており、今日得られた学びとして、彼らは「自分の世界」と「他者の世界」を真っ二つにする思考方法を持っているということだ。室積さんの話では、彼らはまだ「二人称の視点」を十分に持っておらず、その結果として、「相手の靴を履く」ことが難しい。

これは要するに、発達段階2の人は、**他者がどのようなことを考え、どのような気持ちなのかを考えることが難しく、相手の立場に立って物事を考える力がまだ不十分である、**ということだろう。

二つめの学びは、「ピアジェ効果」という概念だ。ピアジェ効果というのは、確か、無理に発達を促そうとすると、後々成長が止まってしまうという恐ろしい現象のことだった。室積さんとの話の中では、早期英才教育の話題として、この論点が出てきたが、自分自身が部下を無理に成長させようとして、結局、彼らが全く成長していなかったことを振り返ってみると、これは子供たちの成長だけではなく、大人の成長にも当てはまる気がしている。そうしたことを踏まえると、**部下に対して成長することを強制するのではなく、彼らに適切な課題と支援を与えながら、彼らの成長を支えていく**ことが大切になるだろう。

また、今自分が参加している「次世代リーダー育成プログラム」と呼ばれるものも、どこか「成長を強制している」あるいは「成長を義務づけている」というような印象がある。自分自身の成長実感が全く持てないのは、もしかしたら、このプログラムがピアジェ効果を誘発し、自分の成長を妨げているからではないかと思った。このプロジェクトに関して、わが社は見直しをする必要があるのではないかと思う。

三つめの学びは、「発達範囲」と「意識の重心」の話だ。室積さん曰く、置かれている状況や文脈、それから感情状態などに応じて、意識段階が変化するそうだ。このように、意識段階が様々な幅を持って変動するのは、私たちの意識には「発達範囲」が備わっているからだ。また、私たちの意識には、重心のようなものがあり、これを「意識の重心」と呼ぶ。

自分なりにまとめると、**人間は決して一つの意識段階にとどまっているのではなく、意識の重心を中心として、状況や文脈、感情状態に左右されながら、意識段階が上下する**ということだ。

最後の学びとして、**心と身体が密接につながっている**という気づきを得られたのは大きい。普段、会社員をしていると、なかなか体を動かすこともなく、自分の身体に意識を向ける機会が少なかったと反省している。

その結果として、部下が感情的な態度を示しているときに、自分の身体の中でどのような変化が起きているのかに対して鈍感であり、冷静な対応ができていなかったということに気づかされた。

これからは、普段の生活の中で、もう少し自分の身体を意識するような訓練をしていきたいと思う。

第二章

上司には従順だが、意見を言わない部下

他者依存段階への対処法

優秀だが「指示待ち人間」の部下

室積さんとのコーチングセッションも数ヵ月が過ぎた。この数ヵ月間は、発達段階2の部下とのコミュニケーションにゆっくりと時間をかけ、様々なアクションプランを実行していった。

その結果、彼との対話も増え、だいぶコミュニケーションが改善されてきたと実感する日々である。

さらに、彼自身が成長していることを実感することができており、その点にも充実感を覚えている。

しかし、部下にもいろいろなタイプがいる。発達段階2の部下との問題が解決に向かう一方で、別の部下の対応に意識を向けなくてはならない状況が浮上してきた。

季節は真夏に差し掛かっており、うだるような暑さに辟易しながらも、私はメンバーとの関係を良くし、良いチーム作りのために、新たな課題に対処することとなっていく。

室積　山口さん、こんにちは。

私　こんにちは、室積さん。かれこれ、室積さんとのコーチングも数ヵ月になりますね～。おかげさまで、自分自身の成長もそうですが、例の部下の成長も実感することができており、とても感謝しています。

室積　そう言っていただけると何よりです。彼とのコミュニケーションが上手くいっている様子が伺えますね。

私　ええ、彼とのコミュニケーションは上手くいっているのですが……。

室積　どうかなさいましたか？　何か新しい課題でも……？

私　ええ。そうなんです。実は、別の部下に関して、また違う悩みが出てきているのです。

室積　もしよろしければ、その悩みについてもう少し詳しくお話ししていただけますか？

私　はい。これまた男性の部下なのですが、彼は一流大学を卒業していて、優秀といえば、優秀ですが……、なんていうか……言われたことしかできないと言いますか……。

室積　なるほど。その部下の方は、優秀といえば、優秀であるが、言われたことしかこなせないということが山口さんの悩みなんですね。

私　ええ、そうです。常にこちらから何か指示を出さないと自発的に動いてくれないんです。俗に言う「指示待ち人間」なんです。

室積　なるほど、それはもしかしたら発達段階3の特性かもしれないですね。

私　今回の部下は発達段階3ですか？　段階3は何と呼ばれているのですか？

室積　発達段階3は、「**他者依存段階**」もしくは「**慣習的段階**」と呼ばれています。

私　室積さん、段階3の特徴はどんな感じなのでしょうか？

室積　はい。他者依存段階を一言で表現すると、「**組織や集団に従属し、他者に依存する形で意思決定をする**」という特徴があります。この段階は、自らの意思決定基準を持っておらず、「会社の決まりではこうなっているから」「上司がこう言ったから」という言葉を多用する傾向があります。

つまり、他者（組織や社会を含む）の基準によって、自分の行動が規定されている段階だと言えます。

私　なるほど～。「上司がこう言ったから～する」というのは、まさにその部下の行動に当てはまっている気がしますね。また、自らの意思決定基準を持っていないというのも、彼の特徴を捉えている気がします。

それでは、別名の「慣習的段階」というのは、どういう意味でしょうか？

室積　この段階は、**組織や社会の決まりごとや慣習を従順に守る**ということから、そう呼ばれています。

どの発達段階も必ず素晴らしい点と限界点を持っているのですが、この段階における素晴らしい点、それから限界点は何だと思いますか？

私　限界点ばかりが目につき、素晴らしい点などない気がするのですが（笑）。

室積　ははは（笑）、どの発達段階にも独自の価値があるのです。言い換えると、私たちは成長・発達することによって、これまでの発達段階では成し遂げられなかったことができるようになってきます。段階３の価値を考える際に、段階２の限界点が何であったかをもう一度考えてみましょうか。

私　段階２の限界点は、他者の視点を取ることができないことでしたよね？　ということは、段階３は他者の視点を取ることができるようになっている、ということでしょうか？

室積　まさにその通りです。段階２は、相手がどのように考えているのか、何を感じているのかを理解することが難しいのですが、段階３はそうしたことができるようになります。「**相手の立場に立って物事を考えることができる**」という素晴らしい能力を獲得していると言えるんですよ。

私　なるほど〜。相手の立場に立って物事を考えられるようになるというのは、段階３で初めて花開くのですね。

「含んで超える」成長

室積 そうです。私たちの成長・発達は「**含んで超える**」という原則に基づいています。この原則に従っているために、段階3は、段階2の限界点を乗り越える形で誕生するのです。

私 「含んで超える」ですか？

室積 ええ。私たちは以前の意識段階の限界を乗り越えていきながらも、完全に以前の段階を捨て去るわけではなく、一部の特性を受け継ぎながら新しい段階に到達していくのです。

私 含んで超えているために、段階3の人でも、時に段階2のような振る舞いをしてしまうということでしょうか？

室積 はい、そうです。以前お話しした「発達範囲」という言葉を覚えていらっしゃいますか？

私 発達範囲というのは、私たちの意識段階は置かれている状況に応じて変化し、その変動幅のことを指すものでしたよね。

室積　そうです。発達範囲と合わせて、私たちの成長・発達プロセスは「含んで超える」という原則に従っているために、私たちは以前の段階の特性を発揮することがあります。

私　なるほど、とてもクリアになりました。

室積　それでは、この段階3の限界点は何だと思いますか？

私　そうですね、先ほど室積さんがおっしゃっていたように、この段階は、まだ明確な意思決定基準というものを自分の中に持っておらず、上司や集団の影響を強く受けており、与えられたことしかできない、というような限界でしょうか？

室積　はい、そうです。それでは、段階3の自己認識にはどんな特徴があると思いますか？

私　段階3の自己認識の特徴ですか？　ちょっとわからないですね……。

室積　この段階は、どういったものに影響を受けていましたか？

私　え〜っと、この段階は、周りの他者や所属する集団によって影響を受けています。あぁ、ということは、**この段階の自己認識は、他者や所属集団によって定義されている**ということですね！

室積　ご名答です。段階3の主要な特徴として、自己は周囲の他者や所属集団によって定義づけられているのです。だからこそ、まだ自分独自の意思決定基準を持てないというのもうなずけるのではないでしょうか。

私　確かに、意思決定基準が他者や所属集団によって定義されていれば、独自の意思決定基準を持つ必要などないですものね。

室積　はい。厳密に言うと、この段階は、自分独自の意思決定基準を持とうという意識はほとんどなく、他者や所属集団の意思決定基準に盲目的だということです。

私　なるほど〜。この段階は、自分のやり方が他者や所属集団によって規定されているということに気づけていないのですね。

室積　その通りです。さらに述べると、自分独自の意思決定基準を持てないということに関連して、この段階は、自分独自の価値体系を構築することができません。この段階ではまだ、**自分の意見や考えなどを表明することが難しく、それは自分独自の価値体系がまだ十分に構築できていないため**だと考えられます。

私　自分独自の価値体系ができあがっておらず、自分の意見や考えなどを表明できないというのは、少し自分にも当てはまる気がしますね。

室積　こうした人は組織の中にどれくらいの割合でいると思いますか？

私　う〜んと、六割ぐらいかな？　……いや七割ぐらい、いそうな気がします。

室積　そうです、七割ぐらいの成人がこの段階にいるという調査結果があります。

私　七割か、結構多いですね。

室積　より詳しく述べると、段階3から4にかけての割合が七割ということです。前にも話したように、キーガンの発達モデルでは、主要な段階の間に細かな段階区分があるのです。そのため、完全な段階3が七割いるというよりも、段階3から4に移行しようとしている成人の割合が七割だと捉えてください。

マズロー欲求階層説との関係

私　なるほど、わかりました。キーガンの段階モデルに関して、今お話を伺いながら、ふと、アブラハム・マズローの欲求階層説を思い出したのですが、何か関係がありますか？　というのも、経営学のモチベーション論の中で、マズローの欲求階層説がよく出てきますよね。私もマネジャーになりたての頃は、マズローの欲求階層説を勉強していたので、キーガンの段階モデルと何か関係があるのかなとふと思ってしまって。

室積　これまたいいところに着目しましたね。山口さんのご指摘の通り、キーガンの意識発達モデルとマズローの欲求階層モデルには対応関係があると思います。それでは、マズローの欲求階層モデルの中で、三番目の欲求は何だったか覚えていらっしゃいますか？

私　三番目の欲求は、確か「所属欲求」です。あっ、本当だ。キーガンの意識発達モデルとマズローの欲求階層モデルは、何か対応関係がありそうですね。キーガンの発達モデルにおける段階3は「他者依存段階」ですから、周りの他者や所属集団に強く影響を受けている。

これはもしかしたら、この段階の人は、マズローで言うところの所属欲求がまだまだ強く、その欲求が完全に満たされてないから、他者依存的な振る舞いをしてしまうのでしょうか？

室積　はい、そうだと思います。マズローは、人間の欲求に焦点を当て、成長・発達に伴って、私たちは質的に異なる欲求を持つということを明らかにしました。それに対して、キーガンは、人間の世界認識方法に焦点を当て、成長・発達に応じて、質的に異なる認識の枠組みを持つということを明らかにしました。このように、発達理論の世界において、人間のどういった側面に着目するかによって、様々な段階モデルがあるんです。

私　面白いですね〜。ますます発達理論の世界にのめり込んでいきそうです。

部下に問いかけをしているか

室積　人間の多様な側面ごとに様々な段階モデルが存在するというのは、大変興味深いですよね。それでは、山口さんが抱えていらっしゃる現在の課題について話を戻しましょう。もう一度、お話をしていただけますか？

私　はい。私の部下の一人で、彼は優秀かと聞かれれば、優秀なのですが、どうも言われたことしかできないという特徴を持っています。私としては、彼自身がもっと自発的に動いて仕事に取り組んでくれればと思っています。

室積　なるほど、自分の意志に基づいて自分から動いていってほしいということですね？

私　その通りです。このあたり、どうすればいいでしょうか？

室積　ここで一度、山口さんご自身が彼とどのように関わり合っているのかを探求してみましょうか。

私　はい、わかりました。

室積　それでは、彼に指示を与えるときに山口さんはどんな工夫をされていますか？

私　工夫ですか？　強いて挙げるとすれば、仕事内容をわかりやすく伝えるということでしょうか？

室積　仕事内容をわかりやすく伝えてから仕事を与えるということですね。それはいいですね。そのとき、彼にどのような問いかけをしていますか？

私　問いかけ？……あまりしてないですね。単純に仕事を振っているような気がします。あっ、もしかしたら、私が単純に仕事を振っているだけだから、彼もそれを鵜呑みにする形で淡々と仕事をこなしているのかもしれないですね。

室積　いい気づきです。それでは、彼の発達段階に着目すると、どのような対話をしていくのが良さそうだと思いますか？

私　そうですね。彼には、自分で考え、自律的に行動できるようになってほしいので、彼自身の中で判断基準を作っていくような支援ができたらいいんじゃないかと思います。そうしたことに気をつけた対話をしていきたいなと。

室積　それはいいですね。「自律的」という言葉は、まさに彼が次に向かう発達段階の特徴を的確に表していると言えます。ですので、彼に自律的な人財になってもらうためにも、今の考えを実践してみるといいですね。

それでは、次回のセッションまでに、具体的にどのようなアクションをしてみようと思いますか？

私　そうですね。単純に仕事を振るのではなく、その仕事の意味を考えさせるということ、彼自身の意見を問うようなことをしていきたいです。例えば、「この仕事を君に任せたいんだけど、この仕事に関して、お客さんは何を望んでいると思う？」とか、「この仕事をより効率的に進めていくためには、どんなことが必要になると思う？」というような問いかけをしていきたいと思います。

室積　それは効果がありそうですね。というのも、発達段階3の人は自分の意見がないわけではないのです。発達段階3の人は、「自分の内なる声」に気づけていないのです。つまり、**自分の意見を全く持っていないということではなく、自分自身の中に芽生えつつある自分独自の考え方や思いなどにまだ気づいていない**のです。

言い換えると、段階3において、自分の考えや思いに気づき、それを表現する訓練が足りていないので、自分自身の意見を表明したりすることが難しいのです。

そうした理由で、山口さんの今言った問いかけ方は、彼が徐々に自分独自の考えや思いに気づき、それを表現していく支援につながるなと感じました。ぜひ、実践をしてみて、また次回のセッションで気づきを共有してください。

私　了解です。次回のセッションで共有させていただきますね。

室積　よろしくお願いします。それでは、今日のセッションで得られた気づきや発見事項を最後に教えていただけますか？

私　はい、今日は発達段階3について学びました。特に、自分が抱えている部下の一人に段階3のような行動を取る人がいて、彼に対してどのような支援ができるかのヒントを得ました。同時に、室積さんのお話を聞きながら、自分自身も段階3のような側面があるなということに気づきました。

室積　気づきの共有どうもありがとうございます。それでは、次回のセッションも楽しみにしています。

私　こちらこそ、今日はどうもありがとうございました。

発達段階3の振り返り

室積さんとのセッション終了後、少しばかり息抜きに自宅近くのカフェに立ち寄ることにした。

いつも思うのだが、室積さんとのセッション中は、自分の脳がいつも以上に回転している気がするのだ。おそらく、発達理論という自分にとっては新しい分野の話を聞いているということもあるだろうが、それ以上に、室積さんから繰り出される質問に対する答えを考えることが自分の頭を高速回転させてくれているのだろう。

有機豆で焙煎されたお決まりのアイスコーヒーを注文し、私は今日のメモを見ながら振り返りをすることにした。

まず、今日取り上げた話題は、発達段階3についてである。段階3は「他者依存段階」もしくは「慣習的段階」と呼ばれている。「他者依存」というのは、この段階はまだ明確な意思決定基準を自分の中で持っておらず、そうした基準が自分の外側にあるということだ。言い換えると、周りの他者や所属集団の意思決定基準に沿って行動するような段階であると言えるだろう。

また、自分独自の価値体系を持っておらず、そのため、自分の意見や考えなどがまだ完全に芽生えていない段階ということも学んだ。そして、「慣習的」という意味は、この段階は組織や社会の決まりごとに従順に従い、行動するということだ。

ここから、自分の部下に照らし合わせてみると、本日取り上げた彼だけではなく、私の指示を待ち、それにただ従って仕事を進めていくだけという「指示待ち人間」が意外に多い気がしてきた。室積さんのお話だと、成人の七割ぐらいがこの段階の特性を持っているということだった。確かに、その数字と照らし合わせてみると、わが社の人財の多くは、もしかしたら段階3がほとんどなのではないかと思えてきた……。

そう考えてみると、自社の人財育成・人財開発方針に対して、若干疑問に思うことがあるし、会社としてこのままでいいのかという一抹の不安がある。このあたりも、次回、室積さんに相談してみたい。

その他に、今日のセッションを通じて得られた学びとして、「含んで超える」という概念があげられる。これはどういう意味だったかというと、人間が成長・発達していく際に、以前の段階が持つ特性を完全に捨て去るのではなく、一部を引き継ぎながら（含みながら）、以前の段階では成し遂げられなかったことができるようになっていく（超えていく）、という意味であった。

「含んで超える」という概念に付随して、「各発達段階には、固有の価値と限界がある」というのも印象に残っている。以前取り上げた「利己的段階」や今回のテーマだった「他者依存段階」と聞くと、どこかあまり良くない印象を持ってしまいがちだが、それは正しい認識ではない、ということを学んだ。

今回の発達段階3においても固有の価値があった。それは何かというと、段階2ではなしえなかった「二人称の視点」を取ることができるということだ。

つまり、段階3に到達して初めて、相手の立場に立って物事を考えることができるのだ。相手が何を考え、何を思っているかを理解できるという能力は、この段階に到達して初めて獲得される優れた特性である。

ただし、固有の限界としては、まだ自分独自の考え方や意見を真の意味で獲得できていないということだった。室積さん曰く、段階3の人は自分の意見が全く無いわけではないのだ。しかし、自分自身の中に芽生えつつある自分独自の考え方や思いなどに気づいていないため、自分の考えや意見を表明することが難しいということを学んだ。


この点について、わが社の社員のみならず、自分も含めて、自らの考えや意見をきちんと表明できている人財がどれほどいるのだろうか？

自分もなかなか会議で思ったことが言えないという経験をこれまで何度もしているし、他の人たちを見ていても、どこか周りの意見に迎合し、会議の生産性が低いような気もしている。この点についても、室積さんに相談してみよう。


それにしても、今日も様々な学びがあったなぁ。アブラハム・マズローの欲求階層モデルとキーガンの意識発達モデルが関係しているなんて。

室積さん曰く、その他にも多様な発達モデルが存在するということなので、次回のセッションまでに自分でもいろいろと調べてみよう。

なぜ大手企業に自律型人財が少ないのか

室積　山口さん、こんにちは。お待たせしました。

私　室積さん、こんにちは。私もちょうど今着いたところです。今日のセッションもどうぞよろしくお願いします。

室積　こちらこそ、どうぞよろしくお願いします。前回のセッション以降、進捗度合いはいかがでしょうか？

私　前回のセッションを通じて、これまでの私は彼に対して、単純に仕事を振るだけで、そこに対話が存在していないことに気づかされました。そこで、彼に仕事を振る際に、その仕事の手順を彼に考えさせたり、彼の意見を尋ねてみたり、そういったアクションをしてみました。

室積　いいですね。そうしたアクションをとってみて、どうでしたか？

私　はい。これまで私がまったくそういう問いを投げかけていなかったので、最初は彼も少し戸惑い気味でしたが、**問いかけを続けているうちに、徐々に彼自身が自分の考えを表**

明するようになってきてくれましたね。もちろん、まだまだなところはありますが、彼なりの考え方を表現し始めているというのは、彼にとってもとても大きな一歩だと思います。

室積　それは素晴らしいですね。彼に対して問いかけをすることによって、徐々に彼なりの考えが芽生えているのを実感しているということですね。

私　はい、その通りです。今日のセッションでは、次なる打ち手を考えていければと思います。前回のセッションを受けて、少し気になっていることがあります。わが社は、彼だけではなく、多くの人が段階3的なのではないかと思ったのです。つまり、主体的に意思決定をし、自らの意見を積極的に表明できるような自律的な人財が欠けているような気がしたのです。

自分で言うのもなんですが、わが社は、日本を代表するメーカーです。そして、世間では優秀だと言われるような人財が入社してきているはずなんですが、どうも自律的な人財は少ないと思うのです。室積さんのこれまでのご経験を踏まえると、これは普通のことなのでしょうか？

室積　率直な意見を述べても大丈夫でしょうか？

ちょっとわが社の人財育成も含めて、先行きが心配になってしまって……。

私　はい、お願いします。

室積　私の経験から述べさせていただくと、もしかしたら、日本を代表するような大手の会社ほど、自律人財が不足しているという印象を持っています。これはメーカーだけに限らず、銀行や商社などにも当てはまると思います。以前、発達理論の段階モデルは、ランク付けとはかけ離れたものである、という論点があったのを覚えていらっしゃいますか？

私　ええ、覚えています。

室積　そのときに、単純なランク付けにおいて、上位の者が下位の者に対して抑圧や差別を起こす、という話をさせていただいたと思います。大企業という体質上、仕方のないところもありますが、下手をすると、日本の大手の会社の中で、見えない抑圧構造のようなものが根付いていると思うのです。

つまり、上司は偉く、部下は偉くない。年次の上の者は偉く、年次の下の者は偉くない、というような思い込みが蔓延していませんか？　言い方を変えると、ポジションや年齢が上の人に対して、自分の考えや意見を伝えにくいような心理的なブレーキが存在していませんか？

その結果として、**組織階層の上の者が知らず知らずのうちに、階層の下の者に対して抑圧するような見えないメカニズムが生み出されていたり、階層の下の者が上の人に意見をしにくいようなメカニズムが大企業の中に生み出されている**のではないかと思います。

「他者依存段階」人財がイノベーションを阻む

私　確かにそのようなメカニズムが存在しているような気がします。何か「大企業病」と言いますか……。

室積　「大企業病」ですか、そうかもしれませんね。

私　わが社も大企業病を患っている気がするのです。ふと思ったのですが、わが社の組織としての発達段階も3なのではないか……。つまり、主体的に考え、自律的に行動できる人財が少ないというのは、組織としての発達段階もそれほど高くないということを示しているのではないかと思ったんです。

室積　鋭いご指摘ですね。単純に個人の意識段階の合計が、組織の意識段階を表すわけではないのですが、そのご指摘はごもっともかもしれません。私たち個人は、間違いなく、集合意識に引っ張られてしまうのです。これは避けられないことでもあります。

というのも、集団や社会は、極めて強力な求心力を持っており、個人の意識段階が集団の意識段階を逸脱しないようにするような働きかけをするのです。もちろん、これには素晴らしい側面もあります。

例えば、日本社会は、国民を発達段階3に引き上げていくような仕組みと文化を兼ね備えていると思います。しかしながら、段階3に引き上げる力と同様に、段階3にとどめるような力も強く働いているのは間違いありません。こうした構図は、日本の大企業においても見られるのではないでしょうか？

私　まさにその通りだと思いますね。うちの社内でも、段階3に押しとどめようとするような力が見えないところで働いている気がしますね……。だから、私自身もなかなか自分の考えや意見を表明できないのかなと思いました。この点について、またご相談させていただいてもいいですか？

室積　はい、もちろんです。

私　今のお話は、自分自身にとっても、わが社にとっても耳の痛い話なのですが、もう少し室積さんのお話を伺いたいと思います。私はメーカーに勤めていて、競合他社を見ていても思うのですが、どうもどの会社にも停滞感がある気がしているのです。要するに、新製品や新事業がなかなか生まれないような状況というか……。

もっと大きな話でいくと、これはメーカーだけに限らず、日本の産業界全体として、どこかイノベーションが起きにくいような状況に陥っているような気がするのです。このあたり、発達理論の観点から考えると、どういったことが言えるのでしょうか？

ちょっと大きな話になりますが、もし何かあれば是非とも教えていただきたいです。

室積　今のお話を整理させていただくと、山口さんが感じておられるのは、御社のみならず、競合他社のメーカーも新製品や新事業を生み出すのに苦戦している状況にあるのではないかと。

そして、それは日本のメーカーのみならず、産業界全体として、イノベーションを創出するのが難しいような状況にあるのではないか、という問題意識があり、それについて発達理論の観点からどのようなことが言えるのか？　という理解で間違いないでしょうか？

私　ええ。

室積　この論点はわが国の企業社会にとっても、大変重要なものだと思います。

結論から述べると、多くのメーカーが新製品や新事業を生み出すことに苦戦しているのも、日本の産業界として、イノベーションの創出が難しい状況にあるというのも、発達理論の観点から説明することはもちろん可能です。

イノベーションを起こすためには、個人のみならず、文化や制度などの問題もあるのですが、個人の意識段階の話に絞って説明させていただければと思います。

私　はい、よろしくお願いします。とても気になるところです。

室積　一歩ずつ考えを深めていきましょう。それでは山口さん、発達段階3の特徴を一言で述べると、どのようなことが言えますか？

私　一言で述べると、段階3は他者依存的な特性を持っており、自分の考えや意見を明確に持っておらず、それを表明することができません。

室積　おっしゃる通りです。それでは、新製品や新事業を生み出すときに、まずどんなことが必要になると思いますか？

私　少し短絡的かもしれませんが、それはもちろん、新しいものを生み出すためのアイデアが必要だと思います。

室積　私もそのように思います。新しいものを生み出すには、まず種となるアイデアが必要ですよね。それでは、そうしたアイデアはどこから生まれてきますか？

私　新しいものを生み出すためのアイデアがどこから生まれるか？　ですよね……「自分の頭の中から」としか答えようがないです（笑）。

室積　はは（笑）、少し禅問答のようになってしまいましたが、実は、山口さんが今おっしゃったことで概ね正しいと思いますよ。新しいものを生み出すアイデアは、自分の頭の中から生まれる。

それでは、少し質問を変えさせていただきます。新しいアイデアはどのようなプロセスで生み出されますか？　そして、新しいアイデアを生み出すためには、まずどういったことが必要になりますか？

発達段階3を超えなければ新しいものは生み出せない

私　そうですね。新しいアイデアを生み出すためには、それこそアイデアの素になる情報が必要です。そして、情報を集めただけではダメで、集めた情報を自分の頭で咀嚼して、情報同士を組み合わせるようなことが必要になると思います。

室積　まさにその通りですよ！　今、お話しされたことと発達段階3の特性を関連付けると、どのようなことが言えそうですか？

私　あっ、そういうことか！　段階3は、他者依存的な特性を持っており、この「他者依存」というのは、情報に対する向き合い方にも表れている気がします。つまり、段階3は、受動的に情報を受け取るだけで、自分の頭でそれらを咀嚼し、情報を組み合わせていくような能力が十分ではない気がします。あぁ、そういうことですね。

室積　段階3は、情報との向き合い方も他者依存的であり、受動的であると。素晴らしい点に気づかれましたね。さらにここで思い出していただきたいのは、キーガンは私たち人間がどんな生き物であると言っていましたか？

私　確か、「人間は意味を構築することを宿命づけられた生き物である」ですね！

室積　まさにその通りです。確かに、どの発達段階においても、人間は固有の意味を構築しているのは間違いありません。

しかし、発達段階3だと、既存の情報を組み合わせ、主体的に新しい意味を構築することができないのです。そのため、新製品を生み出すことにせよ、イノベーションを創出することにせよ、新たなものを生み出すには、個人としては段階3を超えた知性が求められるのです。

私　なるほど。段階3の知性だと、受動的に情報を取り入れるだけで、新しい意味を自らの力で構築することができないというのは納得できますね。

情報を鵜呑みにするというのは、どこか「権威に従う」ということにも関係していると思っていて、段階3の特性である「慣習的」というのは、権威に屈しやすいということも表しているのではないかと思いました。

室積　その気づきも素晴らしいですね。まさに、段階3の「慣習的」というのは、ある意味、権威へ屈しやすいということも表していると思います。

言い換えると、段階3は、権威に屈し、既存のものを受け入れることはできますが、権威を疑い、既存のものを乗り越えていくことはできません。そうしたことができるようになるのは、次の段階である発達段階4からです。

私　納得できます。**段階3は「権威主義的」**であり、**段階4は「権威超越的」**とでも言えるでしょうか?

室積　今日は、いつも以上に、山口さんのご指摘が冴えていますね（笑）。まさにそうした言葉を当てることができると思います。

私　ありがとうございます（笑）。これまでのところを私なりにまとめさせていただくと、発達段階3は、**情報を受け身的に取り入れることはできるが、それらを組み合わせて、新たな意味を構築する力が脆弱**である。

また、段階3は、**権威に屈しやすく、既存のものを鵜呑みにしてしまいがちであるため、既存のものを超えた新しいものを生み出すことが難しい**。

さらに、わが社も含めて、日本の大手企業は、段階3の行動特性を持って動いており、そこに集まる人財も段階3が多く、結果として、新製品やイノベーションを創出することが極めて難しい、こういうことですね?　非常に腑に落ちる感覚があります。

室積　私が付け足すことはほとんどありません。

私　室積さんとのセッションのおかげで、自分なりに発達理論の観点から物事を考えられるようになってきている気がします。また、確かに社内では自分の考えを表明する機会は少ないですが、この発達支援コーチングは、自分の考えをどんどん言語化できる非常に貴重な場だと実感しています。

室積　そのようにおっしゃっていただけてありがたいです。

私　それでは、私の部下や私自身も含めて、どのようにすれば次の段階に到達することができるでしょうか？

発達段階3から4へ到達するには

室積　先ほど紹介させていただいたように、私たちの社会は、段階3にとどめようとする求心力を持っています。段階3の人たちは、社会の決まりごとを忠実に守るという特徴を持っているため、社会にとって欠かせない存在です。

言い換えると、社会は、段階3の人たちが大量に生み出されることを望んでいるため、段階3から逸脱するような人たちを抑圧する傾向にあるのです。そのため、段階3を乗り越えていくのは、相当過酷なプロセスだと言えます。

さらに、どの発達段階でもそうですが、次の段階に到達するための唯一の方法や正解といったものは存在しません。ただし、発達理論は成長・発達のプロセスを明らかにしてくれたり、各段階の特徴を明確にしてくれているので、そこから逆算すれば、次の段階に到達するための活路を見出すことが可能になると思います。

つまり、段階3の人たちがどんな限界を持っているのかを正確に掴めば、その限界を乗り越えていくための方法が見えてくるということです。この点を踏まえると、次に山口さんが取っていくアクションとしてどんなものがふさわしいと思いますか？

私　そうですね、私に限らず、指示を待つ傾向にある部下を含め、**自分の考えを言語化するような習慣づけを強化する**のがいいのではとふと思いました。

さらに閃いたこととしては、私は室積さんとのコーチングセッションを通じて、自分の考えを言語化する実践を継続させながら、私は部下のコーチというかメンターというか、そういう存在として、彼らが日々の業務の中でもっと言語化できるように支えてあげるのが良いのではないかと思いました。

室積　それは非常に優れたアイデアだと思います。山口さんご自身は、このセッションを通じて、自分の考えを言語化する実践を継続させ、山口さんは部下にとってのコーチ、あるいはメンターとして、彼らの言語化を支えていくと。これは是非実践していただきたいですね。

私　はい、早速今日からその辺りを意識して部下と対話を行いたいと思います。これまで室積さんから発達支援コーチングを受けてきたおかげで、対話とは何かが自分なりに掴めてきており、自分も支援者側に回る必要があるなと最近強く感じていたのです。

室積　なるほど。先ほど山口さんは、自分の考えを積極的に言語化することが段階3を乗り越えていくカギになるのではないかとおっしゃっていたと思うのです。私も同じ考え方を持っていて、現段階で、山口さんご自身は、言語化の意義はどういったところにあると思いますか？

私　言語化の意義は、いくつもあると思いますが、まず思いつくのは、**言語化をすると、間違いなく自分の考えが整理される**ということです。あるいは、自分の考えが整理される以前に、自分の考えに気づくというか……。これは大きいですね。

ある意味、対話によって言語化を促すというのは、相手に自分の考えを表明することを促すことなのですが、それ以前に、相手が自分自身の思いや考えを発見する手助けになっている気がするのです。つまり、室積さんの言葉を拝借させていただくと、**言語化の意義は、「自分の内側の声の発見」**につながることにあると思います。

室積　それは深い洞察ですね。対話を通じて、相手に言語化を促す過程で、相手の思考が整理されるだけではなく、自分の意見や考え、つまり、自分自身の内側の声を発見することにつながるのではないかと。

私　はい、そのように思います。そして、それがまさに、室積さんとのセッションの中で自分の身に起きていることでもある気がしています。

室積　なるほど。それでは、言語化の意義に関して、その他にありますか？

私　そうですね。おそらく、私たちの頭の中は、常にいろんな考えが浮かんでいると思うのですね。そして、往々にして、そうした考えというのは曖昧で、なかなか捉えどころのないものだと思うのです。どなたでしたっけ、「人間の発達とは、曖昧なものを受け入れるプロセスである」と述べた方は？

室積　自我の発達研究の大家ジェーン・ロヴィンジャーですね。

私　はい、ロヴィンジャーの言葉を借りれば、言語化をすることそのものが曖昧なものを受け止めるプロセスだと思うのです。今述べたように、人間の頭の中では、常に曖昧かつ雑多な考えがうごめいています。

多くの人は、そうした曖昧なものを直視しようとしていないと思うのです。まして、それらを受け入れることなど到底できていないと思います。ロヴィンジャーの言葉を言い換えると、「**人間の成長は、曖昧なものを受け入れていくことによって初めて成し遂げられる**」と私は思っています。

そのため、対話を通じて言語化するというのは、曖昧なものを直視し、それを言葉にすることによって、自分なりに受け入れることだと考えています。

室積　山口さんのおっしゃる通りですね。投げかけられる問いによって、自分の中で様々な考えや思いが浮かび上がり、問いに答える過程で、自分の中で曖昧にしていたことと向き合い、それを言葉で表現していくことで、曖昧だったものを真の意味で受け入れていくことにつながっていくと。

まさに、自分の内側にある声は、それを発見しようとしなければ、一生見つかるものではないと思うのです。自分の声を探す努力なしに、段階4に到達することは不可能だと思います。

私　室積さんとの対話を通じて、私もそのことに気づかされました。自分の内なる声を探そうとし、それを表明しようとしなければ、自分の考えや意見など形作られるわけはないなと。

そうしたことも踏まえて、私自身、今後とも室積さんとのセッションを継続させていただきたいと思いますし、部下に対しても、対話をしながら、彼らの言語化を支えるようなことをしていきたいと思います。

今日も多くの気づきと発見のあるセッションでした。次回のセッションもどうぞよろしくお願いします。

室積　こちらこそ、今日はどうもありがとうございました。次回のセッションもどうぞよろしくお願いします。

他者依存段階から抜け出しつつある山口課長

――セッション終了後、室積は、山口がその場を立ち去っていくのを静かに眺めていた。室積の目には、山口の後ろ姿が、どうもこれまでとは違うように映っていた。そこには、以前よりも成長を遂げた山口の姿が見えたのだ。

これまで山口さんとセッションをしてきて、どれくらいの時間が経ったでしょうか？今日のセッションを終えて、半年ぐらいが経っていると思います。私から見て、山口さんは着実に成長を遂げていると思うのです。

特に、今日のセッションの後半において、山口さんから非常に鋭い意見が飛んできたことが印象的でした。正直なところ、これまでの山口さんは、私から何かを得ようとすることに一所懸命だった気がしています。

言い方を変えると、今日の話にあったように、受動的に情報を受け取るような姿勢があったように思うのです。自ら考えるということをそれほど行わず、常に私に何かを聞いて課題を解決するような姿勢があったと思っています。

ですが、そうした姿勢が徐々に和らいでいることに気づきました。実際に、今日のセッションの中でも、自分なりの問題意識を山口さん自身の言葉で投げかけてくださりましたし、随所に自分の考えを表明するような場面があったと記憶しています。

このように考えてみると、山口さん本人が着実に「他者依存段階」から抜け出しつつあるのを感じます。

山口さんは、今日のセッションから大きな学びを得たとおっしゃっており、これは大変嬉しいことだと思っています。

しかし、実は、私自身も今日のセッションを通じて、山口さんから学ばせていただくことが多々あったなと思うのです。実際に、いくつかの話題は、これまで取り上げたことのないものでした。

まず、発達段階3の説明をこちらからした後に、山口さんの口から出た「権威主義的」という言葉が印象的です。これまで、発達理論を教える中で、このような言葉が出てきたことは一度もありませんでした。山口さんがおっしゃるように、段階3は、権威に対して盲目的に従う傾向が強くあります。

そうした点を踏まえると、**段階3は「権威主義的段階」**と新しく名付けても良さそうだと思いました。

また、段階3が権威的であれば、その次に待つ段階4は「権威超越的」というのも言い得て妙だなと思ったのです。

確かに、段階4になってくると、既存の権威の主張を客観的に見る視点が養われてくるため、ある意味、権威を健全に疑う姿勢が獲得されていきます。

そして、既存の権威を乗り越えていくような姿勢が芽生えてくるのが段階4だと言えます。これを踏まえると、**発達段階4は「権威超越的段階」**と言ってもいいでしょう。

次に、私が山口さんから学んだのは、「どうして日本の企業社会は、停滞感を覚えているのか？　なぜ、イノベーションが創出されにくいのか？」という質問に対し、発達理論の観点から考察を深めるということでした。

これまでの私は、どちらかというと、個人の成長・発達に関する課題に対して、発達理論を活用することにとどまっていたことに気づかされました。

つまり、個人の成長・発達を超えて、日本の企業社会が抱える課題に対して、発達理論の力を活用することはあまりなかったのではないかと思うに至りました。

一括りにイノベーション創出の課題と言っても、その問題の根は、様々なところにあるのは事実です。イノベーションを創出するためには、文化や制度面などの環境の見直しが必要になってくるでしょう。

しかし、この問題について、知性発達理論・意識発達理論の観点から考えると、どのようなことが言えるでしょうか？

少なくとも、今日、山口さんと話したことが解決の一つの糸口になると思うのです。端的に述べてしまうと、イノベーションを創出するためには、実に高度な知性段階・意識段階が求められると考えています。

その理由の一つめとして、本日の話にあったように、新たなものを創出するためには、既存の情報を単に取り入れているだけではダメだということです。

言い換えると、**既存の情報を鵜呑みにするのではなく、自分の頭でそれらを咀嚼し、自分なりに意味を再構築していくという、これまでとは異なった新たな意味を生み出していけるような知性が求められる**のです。

そして、理由の二つめとして、これまで当たり前と思っていたことを疑える目を獲得すること、つまり、**既存の物の見方や権威の主張に対して疑いの目を持って、それらを超克していけるだけの意識の器が必要**だということです。

日本の企業社会人は、こうした意識の器を作り上げていくための土台が脆弱なのです。言い換えると、主体的に新たなものを生み出すような知性を発揮するための、基礎体力が決定的に欠けていると思うのです。

山口さんとの対話でもありましたが、自ら能動的に情報を獲得し、それを自分の頭を使って咀嚼し、自分の意見や考えを表明するような実践を積まなければ、今後、企業社会人の発達段階が3を超えていくことはないでしょう。

さらに、主体的な姿勢で情報と向き合い、自ら新しい意味を構築できるようになった上で、既存の物の見方や権威と闘えるような器がなければならないのです。

こうしたことを考えると、日本の企業社会人が、真の意味で段階4に到達するのは、長大な時間がかかることなのかもしれません。しかし、上記のような試みを今から始めれば、それは不可能ではないと思うのです。

今日の山口さんとの対話から、私自身に課せられた役割に気づかされました。発達理論の力を借りながら、企業社会人である個人の成長・発達を支援することのみならず、日本の企業社会が抱えている課題の克服に向けて、自分にできることを着実に行っていくことが自分に与えられた一つの使命なのだということを。

山口課長の振り返り

室積さんとのセッションが終わってから、私は、会社近辺にあるイチョウ並木の美しい大きな公園を散歩していた。

仕事に煮詰まったときには、私は時々、この公園を散歩するのだが、最近は、室積さんとの話にあったように、自分の身体と心のつながりを考え、散歩する機会が増えたように思う。
今日もゆっくりと散歩をしながら、本日のセッションを振り返りたい。

まず、とても参考になったのは、わが社がどうして新製品や新事業をなかなか打ち出すことができないのか、その理由の一つに、うちの会社が抱える人財の成長度合いに問題があるということだ。

前々から薄々感じてはいたが、うちの社内には、主体的に物事を考え、自律的に行動できる人財が決定的に欠けている。つまり、うちの組織は、発達段階3「他者依存段階」の巣窟であるということだ。これに対して、私自身も危機感を持っている。

わが社は日本を代表するメーカーであり、幸いにも、一流大学を卒業した優秀な人財を確保することができている。
しかし、優秀な人財がわが社に入社してくれるのはいいものの、その後、彼らの成長が止まっているのではないかと気にかかっていた。確かに、ごく稀に大きな成長を遂げる者もいるが、多くの社員は、ある時期を迎えると成長がピタリと止まっているように思えるのだ。

こうした状況を打開するために、わが社も早急に何か手を打つ必要があるだろう。手遅れになる前に、何とかしなければ……。

人財育成に関して、会社として何かをすぐに実行に移すのは難しいかもしれない。そう考えると、課長として、今の自分にできることを着実にこなしていきたい。

具体的には、今後も室積さんの発達支援コーチングを継続的に受け、自分自身が成長していく必要がある。また、室積さんとのセッションの中で、対話の行い方、つまり、相手の話の聞き方や質問の仕方なども学ばせていただいているので、このあたりの学びを自分の業務に還元していきたい。

部下の話を親身に聞き、適切な問いを投げかけ、彼らの成長・発達を支援できるようになっていきたいと思うのだ。

最後に、今日のセッションを通じて得られた大きな学びは、言語化することの意義だろう。これまでの自分は、自分の考えを自分の言葉で語ることは少なかったように思う。いや、今の組織内において、自らの意見を積極的に表明するような機会などほとんどなかったように思う。

この点について、室積さんとのセッションを通じて、自分なりの考えや意見というものが芽生えつつあるのを感じる。自分の内なる声を発見し、それを表現することが徐々にではあるが、できつつあるという実感を得ている。

言語化に関して、今行っているように、**内省をする時間をしっかりと確保する習慣をつけるようにしたい。**ともすると、毎日の業務に忙殺されがちであり、振り返りを行うことなどなかなかできない状況にある。

しかし、そうした状況にあっても、時間を作り、**その日の振り返りや自分がその時に考えていることや思っていることをノートに書き留めるというような実践を行っていきたい。**

自分の考えをメモすること、ノートに書き記すこと、頭の中で振り返りを行うという内省の時間をきちんと確保すること。こうした小さな積み重ねがあって初めて、将来の自分の成長というものがあるのだろう。

第四章

自律性が強すぎて、他者の意見を無視する部下

自己主導段階への対処法

自分の成長が部下の成長につながった！

今日で、室積さんとのコーチングを開始してから八ヵ月目を迎える。わが社がマレーシアに新しく生産工場を設立することになり、私は今マレーシアに出張中だ。そして、偶然にも室積さんもフランスに出張中とのことだ。そのため、今日のコーチングセッションはスカイプを通じて行うことになった。

私　あっ、もしもし、室積さん。お元気ですか？　こちらの声は聞こえていますか？

室積　はい、聞こえていますよ。山口さん、お元気そうですね。今日もよろしくお願いします。

私　こちらこそよろしくお願いします。フランスは、今何時ですか？

室積　午前一〇時です。山口さんのいらっしゃるマレーシアは、一七時ですよね？

私　室積さん、時差の計算が早すぎですよ（笑）。

室積　世界時計が目の前にあるんですよ（笑）。それでは、前回のセッション以降、進捗度合いはいかがでしょうか？

私　部下の話の前に私の話からさせてください。ちょうど今日は、室積さんのコーチングを受けはじめてから八ヵ月目に入るのですが、自分の中でどんどん変化が起こっていることに気づいています。

室積　それは素晴らしですね。どのような変化に気づかれていますか？

私　はい。セッションを通して、室積さんから発達理論の枠組みを通して他者を見る方法を学び、他者がどういう発達段階にいるかの目が鍛えられていったように思うのです。具体的には、部下の発言からその人の発達段階がわかるようになり、相手に合わせた言葉かけや行動がとれるようになってきていることを実感しています。

室積　それは大きな変化ですね。相手の発言から発達段階を察し、相手に合わせた言葉かけや行動がとれるようになったことで、他者とのコミュニケーションに何か変化はありましたか？

私　はい、ありました。部下の発達段階に応じた振る舞いや対応をすることによって、もっと言えば、相手の段階に応じた対話ができるようになってきた結果として、部下からの信頼を得ることにつながり、お互いに仕事がしやすくなってきているのを感じます。

また、私が部下の発達段階に応じた適切な対話を継続していくことによって、部下の成長が促進されているような気もしています。

室積　なるほど。部下の発達段階に応じた対話ができるようになってきた結果として、彼らの信頼を得ることにつながり、彼ら自身の成長が促されているのではないかと。素晴らしいですね。

私　これも全て、室積さんとのセッションのおかげです。前回からの振り返りをもう少しさせていただくと、以前のセッションでお話しした発達段階3の部下もどんどん成長しているのを感じます。

室積　具体的に言うと、どのような成長でしょうか？

私　はい。以前の彼は、発達段階3のど真ん中にいたような気がしていて、本当に与えられたことしかできないような人でした。しかし、今となっては見違えるぐらいに、主体的に仕事を進めている彼がそこにいるのです！

　私から見て、彼の中で、組織に従属したいという欲求が徐々にやわらぎ、自律的な行動が生まれつつあるのではないかと思うのです。

室積　それは、段階3から徐々に段階4に向かっている傾向ですね。所属する集団に受け入れられたいという所属欲求から心理的な距離を取れるようになってきているということですね。

私　そうだと思います。さらに、主体的に行動ができるようになってきたというのも、彼の中で「自分の内なる声」が芽生えてきているからではないかと思います。そうした声に従って一人で歩むことができるようになりつつあるのを実感しています。

室積　それは彼にとって大きな変化ですね。その他に、彼の中で起きつつある変化に気づいていらっしゃいますか？

私　そうですね……、その他には、自分の独自性や個性に対する認識が深くなりつつあるように感じます。仕事を進める中で、彼と他のメンバーの考え方が違うことがあります。しかし、彼自身が、他者と異なる点はどこにあるのかということをよく考え、他者の独自性も尊重しつつ、他者に自分の独自性を伝える勇気を持ちつつあるのを感じています。

室積　それも彼にとっては大きな変化ですね。こうした彼の変化について、山口さんご自身はどのように思っていますか？

私　はい。彼の上司として、彼が成長している姿を見るのは嬉しく思います。自分なりにどうして彼が成長していったのかを考えてみたのですが、それはやはり、私自身の成長が大きいように思います。

自分の認識の枠組みが変わり、彼との接し方が変化することによって、彼の良さを引き出すことができるようになり、彼の成長が促されたのかなと思っています。つまり、まず自分の認識が変わり、彼との接し方が変わったことによって、彼の認識が変わり、彼の行動が変わっていったのだと思います。

室積　なるほど。山口さんご自身が成長することによって、彼との接し方が変わり、彼の良さを引き出すことができるようになった。その結果として、彼の成長を促すことができるようになったということですね。

私　そうだと思います。彼のさらなる成長も踏まえ、そして、私自身のさらなる成長を考えたときに、今日はこれから、発達段階4についてお話を伺えればありがたいです。

自分独自の考えを持ち、明確な自己主張ができる段階

室積　はい。それではこれから、発達段階4に進みましょう。キーガンは、この段階が現代社会に果たす大きな重要性について言及しているため、段階4の説明はいつもより詳しく行っていきたいと思います。

私　了解しました。よろしくお願いします。

室積　まず、この段階は「**自己主導段階**」あるいは「**自己著述段階**」と呼ばれます。「自己主導」というのは、この段階に到達してはじめて、**自分なりの価値体系や意思決定基準を持つことができるようになり、自律的に行動ができるようになること**を意味していま

す。

私　なるほど。段階3の他者依存段階では、価値体系や行動基準を自分自身で構築することができず、それらは周りの存在によって築き上げられていたのに対し、段階4になると、自ら行動基準を構築することができるということですね。自らの行動基準によって、主体的に行動するという意味から「自己主導段階」と呼ばれるということですか？

室積　はい、そうです。それでは「自己著述」というのはどういう意味だと思いますか？

私　「自己著述」……、あまり聞きなれない日本語ですね。以前、室積さんに教えていただいた、成長・発達の原理である「含んで超える」という考え方を用いると、段階4は、段階3の特性を一部引き継ぎながらも、乗り越えていくはずなので……、ちょっと待ってくださいね。もう少し自分で考えさせてください。

室積　はい、じっくりと考えてみてください。

私　「自己著述」とは、自己を著述することだと読み取れます。なので、**自分の内側にある声を発見し、それを表明すること**ができるようなイメージでしょうか？

室積　まさにその通りです。自分の内側にある声を発見し、それを表現することは、段階3では難しいのです。段階4に到達してはじめて、自分の声、つまり、自分の考えや主張を力強く表現できるようになるのです。

私　なるほど。自己著述という言葉には、もしかしたら、自分独自の価値体系を作り出すということにも関係していますか？　一人の小説家が、小説のストーリーを構築し、一つの物語を著述するようなイメージが湧いてきたのですが……。

室積　その表現はいいですね。まさに、一人の小説家が物語を紡ぎ出す様子は、人間が価値体系という大きなものを構築する様子と合致しています。

私　やはり、そうなのですね！　ここでふと思ったのですが、簡単に言ってしまえば、段階4は、自分独自の考えを持ち、明確な自己主張ができるということですよね？

室積　はい、そうです。

私　となると、その特徴はどこか段階2の利己的段階に似ている気がするのですが……。どこに違いがあるのでしょうか？

室積　それはいい質問です。一見すると、段階2も4も、自分に焦点があるので混同されやすいです。先ほど出てきた「含んで超える」という考え方を用いると、段階2と4の違いはどういったところにあると思いますか？

私　そうですね……、発達段階2では、意識の焦点が自分自身の欲求や願望にあると思います。要するに、段階2は、自分の欲求や願望に縛られており、それらを満たすような利己的な振る舞いをしてしまうと思うんです。

それに対して、段階4は、意識の焦点が自分の欲求や願望ではなく、自分の価値観に当てられているのではないかと思います。

その結果として、**段階4の振る舞いは、単なる欲求に従った利己的なものというよりも、心の内側にあるより高度な規範に基づいている**ように思います。そうした自分の内側にある価値観や規範に基づいて発せられる考えや意見というのは、利己的な振る舞いとは一線を画すのではないかと思います。

室積　段階2と4の違いをとても見事に語ってくださりましたね。

私　そう言っていただけると嬉しいです（笑）。

室積　それでは、その他の違いは何かありますか？

私　う～ん、そうですね……、他者の捉え方も違うのではないかと思います。

室積　他者の捉え方が違うのではないかと。面白い着眼点ですね。

私　はい。というのも、段階2は、別名「道具主義的段階」でしたよね。なので、段階2の人は、他者を自分の欲求や願望を満たすための道具のように見なしていると思うのです。とてもご都合主義なところがあるというか。

それに対して、段階4は自分独自で価値体系を作れるようになっているということは、他者にも独自の価値体系があるということを認識できるようになっていると思うのです。

つまり、他者がどんな価値観に基づいて考えているのか、行動しているのか、そうしたことがわかるようになっているのではないかと思うのですが、いかがでしょうか？

室積　なるほど、専門家顔負けの名解釈ですね（笑）。その通りだと思います。段階2は、他者を自分の欲求や願望を満たす「道具」のように捉えるのに対して、段階4は、他者は独自の価値体系を持つ固有の存在であるとみなすことができるようになってきます。

言い換えると、**段階4の人は、他者を独自の価値観を持つ大切な存在であるとみなし、敬意を表することができる**ようになります。

私　なるほど。室積さんから見て、私の説明に付け足すことがあれば、ぜひ教えていただきたいのですが、いかがでしょうか？

室積　そうですね、まぁ、あえて付け足すならば、**発達段階4の人は、自分の意見や主張を明確に語ることができる点に加えて、自分自身を合理的に律することができる**ようになります。

また、仕事において、**自ら意思決定基準を設定し、他者をうまくマネジメントすることができる**ようになってきます。

私　なるほど、そうした特徴もあるんですか……。とても参考になります。

室積　山口さんの質問を受けて、私もふと思い出したことがあります。実存心理学の始祖とも呼ばれるロロ・メイは、「**探究的な問いを自らに投げかけられるようになることが、真の意味での自己構築の始まりなのである**」と述べています。

つまり、段階4の自己を構築するためには、言い換えると、真の意味で自律的な自己を確立するためには、探究的な問いを自らに投げかけられることが不可欠であるということです。

私　ロロ・メイのその言葉は意味深長ですね。その言葉を受けて、自分自身が日々、内省的な問いをどれほど自らに投げかけているのか考えさせられました……。

室積　日々の業務なども含めて、日常生活に忙殺されがちな現代人ですが、ここで一度立ち止まって、ロロ・メイの言葉をしっかりと受け止めるといいかもしれませんね。

ロロ・メイの言葉を別の表現で言い換えると、要するに、**社会や組織の声に盲目的に従うのではなく**、**内発的な問いを自ら発せられるようになることが**、**自律的な自己を確立することに不可欠**だということになるでしょう。

私　その言葉を胸に、日々の生活の中で、内省的な問いを発することをもっと意識していきたいと思います。

発達段階4の限界点

室積　これまでのところ、段階4の優れた点について見てきました。それでは、段階4の限界点はどういったところにあるでしょうか?

私　段階4の限界点ですか……、所属する組織や集団に支配されることなく、自分の価値判断に基づいて動くことができるというのは、素晴らしいことだと思います。

　ですが、逆に言うと、それだと自分の価値観に縛られてしまうのではないでしょうか?それが発達段階4の限界点かもしれません。

室積　そうなんですよ。段階4は、自分の価値観に基づいて絶えず行動できるようになっており、それは素晴らしいことです。しかし、**自分の価値体系に縛られるという限界を持っています**。

　いわば、段階4の人は、自分の価値観を「持っている」というよりも、自分の行動論理を規定する価値観に「同一化」してしまっているということです。

私　なるほど、自分の価値観を持っているというよりも、自分の価値観と盲目的に同一化してしまっている状態なわけですね。

室積　ええ、その通りです。それでは、その他にはどのような限界があると考えられますか？

私　そうですね。今の話と関連して、自分の価値観に同一化しているということは、当然ながら、自分の価値体系の枠組みから離れることができないのだと思います。そうであれば、自分の価値観とは異なる考えや意見を受け入れることができないのではないでしょうか？

室積　おっしゃる通りです。段階4は、自分独自の価値観と同一化しているが故に、そこから離れることができず、自分とは異なる価値観に基づいた考えや意見をなかなか許容できません。そう考えると、発達段階4の人は、他者を真の意味で抱擁することができないのです。マネジメントに関して言えば、彼らは他者に対して十分に協力的ではなく、自分と違う見方で世界を認識する人に対して非協力的な傾向に陥ることがあります。

私　なるほど、そうした限界点を持っているわけですね。ところで、気になったのは、段階4は成人人口の割合に対してどのくらいいるんですか？

室積　調査結果によると、二割未満だと言われています。この数字に関してどのように思われますか？

私　二割未満ですか。そうですね、私からしてみると、二割も存在しているのかという意外さというか……そういう印象を受けました。というのも、うちの会社を見たときに、段階4に到達している人が果たして何人いるのだろうかと思ってしまったので。

室積　山口さんの眼から見て、御社の中で段階4はどれくらいの割合でしょう？

私　多めに見積もってみても、一割ぐらいでしょうか。以前相談させていただいたように、うちの会社は組織として段階3のような特性を強く持っており、その結果として、人財の多くが段階3に押し留められているように思うのです。

自律的に行動できる人財が少ないということを受けて、近年、なかなか新製品や新事業を創出することができていないのではないかという危機感を持っています。新たなものを生み出していくためには、少なくとも段階4のあり方が求められるなと改めて思いました。

室積　なるほど。それは以前お話ししていただいた内容ですね。おっしゃる通りで、新たなものを創出していくためには、段階4の特性を獲得する必要があると私も思います。

私　この問題を解決するためには、少し短絡的かもしれませんが、やはり、自社内で段階4の人財を生み出していくことが大事だと思います。前回のセッションでいただいたアクションプランも非常に有効だと思っており、自分がより成長することを通じて、部下の成長を支援できるような対話を今後も継続させていきたいと改めて強く思いました。

室積　是非、そのあたりの実践を今後も継続していただければと思います。

発達段階4が企業社会の中で最重要である理由

私　今日のセッションもそろそろ時間が迫ってきているので、最後にお聞きしたいのですが、ロバート・キーガンは、どうしてこの段階を最重要だと位置付けているのですか？

室積　最後に極めて重要な問いが来ましたね（笑）。

私　最後の問いとして、重すぎましたか？（笑）

室積　確かに重たい問いですが、その点について取り上げて、今日のセッションを締め括りましょう。

私　よろしくお願いします。

室積　まず、キーガンは、現代社会において、ますますプロフェッショナル人財が求められると指摘しています。**プロフェッショナル人財というのは、単純に何かしらの専門家ということを意味しているのではなく、主体的・自律的に行動できる個人**だと思ってください。

私　なるほど。

室積　企業社会を例にとってみても、日進月歩でその複雑性が増しています。そうした企業社会において、複雑性に押しつぶされることなく、自らの意思決定基準に基づいて、主体的かつ柔軟に行動できるような人財がますます必要になってきているとキーガンは指摘しています。

私　確かに、日々の業務の複雑性を考えてみたときに、要求されている仕事のレベルが二〇年前に比べて格段に高まっている気がします。わが社もグローバル化に伴い、その傾向はますます顕著になっています。

室積　なるほど。山口さんのおっしゃる通り、企業のグローバル化に伴い、複雑性は増していると思います。そして、この傾向は今後も拍車がかかる一方だと思うので、企業人に対して、ますます段階4に到達する必要性が突きつけられることになるでしょう。

私　まさにそうなりそうですね。ついでにお聞きすると、一般的な意味でプロフェッショナルと呼ばれる人たちも、段階4の特性が強く求められるのかなと思いました。例えば、コンサルタント、コーチ、セラピスト、弁護士、会計士、医師などの専門家と呼ばれる人たちにとっても。

室積　私も同感なのですが、それはどういう理由からでしょうか？

私　どういう理由からかと言うと、そうしたプロフェッショナルな仕事に就く人たちには、自律的な行動が求められるのは当然ですが、持論のようなものを形成できる力が必要だと思うのです。

確かに、どんな業界にも固有のベストプラクティスが存在していて、それを習得することはプロフェッショナルにとって不可欠だと思います。つまり、最低限の知識や理論を獲得するのはプロフェッショナルとして当然のことだということです。

ですが、**真の意味でのプロフェッショナルは、そうしたベストプラクティスを超えて、自らの経験をもとに自分なりの考えや理論を生み出すことができる**と思うのです。

室積　まさにその通りですね。プロフェッショナルと呼べるのか定かではありませんが、段階3のプロフェッショナルは、業界固有のベストプラクティスに盲目的なところがあります。要するに、彼らは業界で浸透している考え方や理論に従順であり、そこに自分なりの知見を加えるということができないのです。その結果として、クライアントは多様性に溢れているのに、画一的なアプローチしかできないということに陥りがちです。

それに対して、段階4のプロフェッショナルは、業界固有の考え方や理論を客観的に眺めることができ、さらに自らの経験や考え方と照らし合わせて、独自の持論を構築することができるようになってきます。

その結果、**業界固有の決まりきったアプローチを鵜呑みにするのではなく、クライアン**

トの特性に応じたアプローチを採用することができるようになってくると思います。

私　なるほど。それは興味深いお話です。室積さんのご説明のおかげでとてもクリアになりました。

室積　そうおっしゃっていただけて、よかったです。

私　今日はフランスからわざわざどうもありがとうございました。次回のセッションも楽しみにしています。

室積　こちらこそ、今日はマレーシアからどうもありがとうございました。次回のセッションも楽しみにしております。

発達段階4の振り返り①

室積さんとのセッションが終わり、窓の外を眺めてみると、スコールが止んでいた。私の目に飛び込んできたのは、息を呑むような美しさを持った七色の虹だった。その虹はまるで、これまで課長としてもがいていた自分から、一皮むけた新しい自分への希望の架け橋のように思えた。

今日は、発達段階4について室積さんから様々なことを教えてもらった。段階4は、別名「自己主導段階」あるいは「自己著述段階」と呼ばれるそうだ。

自己主導段階というのは、この段階になってはじめて、自分の価値体系を独自に作り上げ、独自の意思決定基準に従って主体的に行動できることからそのように呼ばれる。

また、自己著述段階というのは、まるで小説家が物語を著述するかのように、自分独自の内なる声を発見し、それを明確に表現する様子からそのように呼ばれる。

発達段階3は、行動基準が周りの存在によって築き上げられていたが、段階4は独自の行動基準を持てることに強みがある。また、自分の考えを積極的に表現し、意見を明確に主張したりすることができるのも段階4の強みだろう。

一方、段階4の限界点も振り返ってみたい。段階4は、自分独自の価値体系を構築しているという特性を持つが、これは裏を返せば、自分の価値体系に盲目的になりかねないということも意味している。その結果、自分の価値観と異なる考えや意見を受け入れることができないかもしれないという限界を持つ。

多様な人間で溢れる企業組織のマネジャーとして、果たして私は、きちんと他者の価値観を受け入れることができているだろうか？

そういえば、部下の中に一人、強烈な価値観を持っている者がいて、彼女への対応を室積さんに相談したいと思っていたのだった。この件については、次回のセッションで取り上げたいと思う。多様な価値観を持つ部下をどのように導いていくかが、今後の私の課題の一つだろう。

個人的には、実存心理学の始祖と言われるロロ・メイの言葉が強く印象に残っている。ロロ・メイ曰く、「探究的な問いを自らに投げかけられるようになることが、真の意味での自己構築の始まりなのである」とのことだ。自分のこれまでのキャリアを振り返ってみると、懸命に仕事をこなすことに精一杯であり、なかなか振り返りの時間を設けることとなどなかったのではないかと思う。もしかしたら、**内省をするそうした時間を確保してこなかったことが、私の成長を遅くしていたのかもしれない。**

しかし、今こうして振り返りを行っている自分の姿を見ると、決して後悔する必要などないのかもしれない。今からでも遅くはないのだ。なぜかと言うと、今学んでいる発達理論が教えてくれたように、人は一生をかけて成長し続けていく生き物だからだ。

さらに、プロフェッショナル人財は、少なくとも段階4に到達する必要があるというのも印象に残っている。ここで言うプロフェッショナルは、世間一般に言われる専門家たちも含んでいるが、それよりも意味は広い。要は、主体的・自律的に行動できる個人全般を指して、プロフェッショナル人財と呼んでいるのだ。

段階4に到達した人財は、所属する集団や組織に浸透しているベストプラクティスを客観的に眺めることができるという、**ある種の「健全な批判精神」を兼ね備えている**のだと思う。また、**自分の経験から持論を形成することができる**というのも特徴的な点だ。こうした健全な批判精神と、自分の経験から持論を形成できるような力を持っているからこそ、**世の中に価値のある新しいものを生み出すことができる**のではないかと思う。

室積さんの指摘にもあったように、昨今は特にグローバル化の波が激しくなっており、企業社会の複雑性は増す一方である。複雑性に戸惑うことなく、力強く企業社会で生きていくためには、確かに段階4の素養は不可欠であると強く感じている。

グローバル化の波は、当然ながら自社にも押し寄せており、先日、わが社はヨーロッパのある会社を買収した。その会社は、独自の製造技術を持っており、この買収は確かに自社の企業価値を高めることにつながったのだと思うが、懸念もある。

というのも、発達理論の観点から言うと、段階4のような、自らの頭で考え、主体的に動ける人間の割合は、現地法人のほうが多いように思えるからだ。未だ段階3の多いわが社の人財が、段階4を体得した現地法人の人間とうまく協同できるとは到底思えないのである……。

悲観的な展望ばかりを持っていては、何もはじまらないので、最後に自分なりの方策を考えて、今日の振り返りを終わりたい。

まずは、本社である自社の人財育成を強化することが先決だと思う。確かに、わが社は人財育成に対する投資を惜しんでいるわけではない。

しかし、その投資の仕方がうまくいっていない気がするのだ。現在進行している「次世代リーダー育成プロジェクト」も形骸化している印象を持っており、このプロジェクトの中身と進め方では、段階4に成長していくような人財が生まれてこないと思う。

しかし、私はその活路を今学んでいる発達理論に見出した。発達理論に基づいた新しいタイプの人財育成方法を採用すれば、徐々に段階4の人財が輩出されるのではないかと確信している。

グローバル化に伴う言語の壁

私　お久しぶりです、室積さん。

室積　山口さん、ご無沙汰しております。マレーシア出張はいかがでしたか？

私　はい。仕事のほうはとても順調に進みました。現地には、非常に優秀なスタッフが揃っており、彼らとであれば、スムーズに生産を開始できそうです。

　仕事以外の話では、人生で初めてドリアンを食べたんですよ。最初はあのにおいが嫌だったのですが、食べてみるとレアチーズケーキみたいで美味しかったです。すっかりはまりました（笑）。

室積　確かにドリアンはクセになる味ですね（笑）。仕事のほうが順調でなによりです。

私　ありがとうございます。それでは今日もよろしくお願いします。

室積　こちらこそよろしくお願いします。前回のセッション以降、何か気づきなどはありましたか？

私　多くの気づきがありました。セッションが終わった後、日課である振り返りを行い、自分自身の課題を洗い出したり、わが社の人財育成の今後の方針などを考えたりしていました。そうした振り返りをしながら、企業のグローバル化と意識段階について、一つ疑問が出てきました。

室積　どんな疑問でしょうか？

私　はい。企業のグローバル化が進むにつれて、どの会社もそうだと思うのですが、言葉の壁が問題になると思うのです。今回のマレーシア出張では、幸いにも込み入った話はなく、英語でのやり取りにそれほど苦労することはありませんでした。

ですが、最近わが社はヨーロッパの会社を買収し、その子会社とのやり取りの中で言語の壁を感じることがちょくちょくあります。

室積　ヨーロッパの子会社とのやり取りで言語の壁を感じられているのですね。

私　そうなんです。私の部下も思っているようなのですが、どうも欧米人を相手に英語でコミュニケーションしようとすると、自分の意見がなかなか出しづらいと言いますか……。数回前のセッションで教えていただいた「発達範囲」の考え方とも関係すると思うのですが、欧米人を相手に英語で会話しようとすると、どうも意識段階が下がり、自分の意見を明確に表明しない段階3のような振る舞いをしてしまう人が多くいると思うのです。もちろん、自分も含めてですが。

室積　おっしゃる通り、英語を話すのか日本語を話すのかによって、意識段階は変動すると思います。

言語は私たちの思考を司る極めて重要な存在であり、外国語は私たちの意識段階に影響を与えます。意識段階への影響に加え、慣れない英語を使うときは、私たちの知能指数はかなり低下するとも言われています。日本語であれば考えることができる内容であっても、英語だとうまく考えられないことはよくありますよね。

私　よくありますね。今回の出張では込み入った話はそれほどなかったのですが、ちょっとしたことでも英語で考えようとすると、何か思考が止まってしまうようなことがあったなと思いました。私も部下もそうした現象を「英語による思考停止状態」と名付けているんです（笑）。

室積　なるほど（笑）。ですが、果たして本当にそうでしょうか？

私　えっ、どういうことですか？

室積　英語という言語の壁にぶつかり、英語で考えることが難しいと感じながらも、それでも思考を推し進めようとしているのか、そもそも考えることを放棄しているのか、両者には大きな違いがあると思うのです。

さらに、確かに言語は私たちの意識段階に大きな影響を与えます。その結果として、日本語だったら自分の意見を明確に伝えることができるのに、英語だとそれが「難しい」という現象は当然起こりえます。
しかし、日本語だと意見が言えるのに、英語だとそれが「できない」というのは、問題を単純化しすぎていませんか？

私　それは核心を突く問いですね。確かに、言語の壁を言い訳にして、粘り強く考えることを忘れてしまいがちだなと思います。

先日の話を元に考えると、段階4の人であれば、自分で意味を作り出そうという態度を持っているため、言語の壁にぶつかってもそれを乗り越えようとし、思考を推し進めていけるのではないかと思いました。

一方、段階3であれば、そうした粘り強さがなく、言語の壁を言い訳にして自ら積極的に考えることを諦めてしまうのではないかと思いました。

室積　その通りですね。

私　また、日本語であれば明確に意見を述べることができるが、英語だとそれが難しいというのは誰にでもあることだと思うんですね。ですが、日本語だと意見が言えるのに、英語だとそれができないというのは、少しおかしなことだなと思いました。そうした人たちは、そもそも日本語で意見を述べることすら、本当はできていないのではないかと思ったんです。

そう考えると、表面的に英語を学んでも、自分の意見を英語で表現できることなどいつになってもやってこないのではないかと思うんです。

室積　そうですね。遠回りのように見えるかもしれませんが、表面的に英語を学ぶよりも、自分の意識の器を鍛錬し、段階4に到達することが案外、自分の意見を英語で表現する近道なのかもしれません。

言語と意識段階

私　室積さんの話を聞きながら、改めて言語の重要性を感じました。今となってはずいぶん昔の話題かもしれませんが、「相手がどのような言葉をどのように用いているかによって、発達段階がわかってしまう」ということをふと思い出しました。

そうであれば、意識の器を鍛錬するためには、私たちの言葉を鍛えていく必要があると思うんです。

室積　素晴らしい気づきですね。

私　その気づきを元に、自分自身を振り返ってみると、大人になってから意識的に言葉を鍛えるような努力を一切してこなかったなと思いました。特に、会社員になってからは読書量も減ってきています。

仮に本を読むとしても、業務上のスキルを高めるようなノウハウ本であったり、内容的にそれほど濃くない本であったりと、お手軽な本しか読んでこなかったなと反省しています。

室積　なるほど。特に企業社会においては、効率性を追求するような発想に基づき、質よりも量を優先させてしまうようなところがあると思います。その中で生きる企業人は、どうしても効率的に知識やスキルを吸収できるような本を手に取ってしまいがちですよね。

しかし、どんな食べ物を食べるかによって、その人の身体構造が変わってしまうのと同様に、どんな本を読むかによって、その人の意識構造が変わってくると思うのです。まさに、書物は思考の養分ですから。

私　「書物は思考の養分」……、まさにその通りですね。内容的に薄っぺらい本ばかり読んでいると、思考も薄っぺらいものになると私も思います。言語と意識段階の関係は重要な話だと思うので、もう少しいいですか？

室積　はい、もちろんです。

私　ありがとうございます。以前のセッションの中で、「言語化」の重要性を取り上げたと記憶しています。今の話を元にすると、そもそも言語化をする際に、語彙力が脆弱だと言語化にも限界があるなと感じたんです。

室積　いい気づきですね。おっしゃる通り、自分の考えや思いを表現するための語彙がそもそも不足していれば、言語化はままならないと思います。そうしたことを考えると、言語化の幅を広げるためにも、語彙力を身につけていくことはとても大切です。

私　そうですよね。言語化の幅を広げ、語彙力を身につけていくためにも、なおさらしっかりとした本を読んでいきたいなと思わされました。効率性の波に溺れて、お手軽な本を手に取るのではなく、中身のある本と向き合っていくことを心がけたいと思います。

室積　大切な心がけですね。自分と格闘させてくれるような本はまさに、自分を成長させてくれる優れた本だと思います。

発達段階4の部下の問題

私　話がだいぶ逸れてしまいましたね。実は、また別の部下のことで新しい課題が浮上してきたんです。

室積　今回の部下は、どのような方でしょうか？

私　はい。彼女は極めて優秀で、私の目から見ると、同期入社の誰よりも仕事ができると思っています。これまで多くの実績を積み上げ、誰の目から見ても彼女の実力は明らかです。わが社には珍しく、彼女は完全に発達段階4に到達している人財だと思っています。

室積　なるほど。その方は極めて優秀であり、実際に多くの実績を残していると。具体的にどのような特徴から、彼女は段階4に到達していると思いますか？

私　そうですね。まずは、彼女の姿勢に表れていると思います。会議の場で何か質問されても、常に自分の意見を自分の言葉として答えています。さらに、私の指示を待つことなく、自分で物事を判断し、自律的に動けるというのも自己主導段階の特徴ではないかと思っています。

室積　確かにお話を聞くかぎりでは、その方は段階4の特徴を持っていますね。その他の特徴として、何かありますか？

私　これは段階4の特徴なのかわかりませんが、彼女には強い成長意欲が感じられます。自分を成長させるためなら、どんな仕事でも引き受けるというような意志をひしひしと感じます。さらには、ビジネススキルを高めるために各種の自己啓発書を読み、夜間のビジネススクールにも通い、実際にMBAを取得しています。

室積　その方は、**向学心があり、強い成長意欲を持っているということですね**。**実は、それも段階4の特徴**を言い当てていると思います。

私　おぉ、そうなのですか？

室積　前回の話では出てこなかったと思いますが、段階4を表す別のキーワードとして「自己成長」が挙げられます。厳密には、自己成長への目覚めは、段階4に到達する前から始まりますが、段階4に到達してより一層強くなります。それはなぜだと思いますか？

私　そうですね。もしかしたら、段階3から4に移る過程では、周りの他者の基準を乗り越えて、独自の価値体系を作っていくために、自分の成長に焦点が当たり始めるのかもしれないなと思いました。そして、段階4に到達してからは、自分の価値体系を確固たるものにするために、自己成長を求めるのかもしれないなと思いました。

室積　まさにその通りですね。山口さんにさらにお聞きしたいのは、ここで言っている「自己成長」とはどういう意味でしょうか？

私　実は私もそれが気になっていました。この点については、今の私では少し考えが及ばないですね……。

「垂直的な成長」と「水平的な成長」

室積　なるほど。実はここで使われている「自己成長」という言葉には、注意が必要です。

発達理論で用いられる「成長」や「発達」という言葉は、段階が今のものよりも高度になることを意味しています。つまり、「**垂直的な成長**」ということです。それに対して、段階4が求めるのは、こうした「垂直的な成長」よりも「**水平的な成長**」なのです。

私　水平的な成長というのは、どういうことでしょうか?

室積　水平的な成長とは、先ほどの例で言えば、ビジネススクールに通って、経営学の知識を習得することや、自己啓発書を読んだり、セミナーに参加して、ビジネススキルを高めるようなことを言います。

私　なるほど。つまり、**垂直的な成長は、意識の器の拡大、認識の枠組みの変化を表しているのに対し、水平的な成長は、知識やスキルの獲得のようなイメージ**だということですね。

室積　その通りです。

私　もちろん、企業人として、どちらの成長も欠くことはできません。しかし、今の企業社会では、どうも水平的な成長だけがフォーカスされる傾向にあると思うのです。

室積　その傾向は強いと思います。垂直的な成長にも光を当てるのが発達理論の一つの役割であり、これまで日本の企業社会に発達理論が取り入れられてこなかったことを考えると、そうした傾向はある意味自然なことなのかもしれませんが。

私　ここでさらに気づいたことがあります。先ほどの話にあったように、彼女は、ビジネススクールに二年間通い、そのほかにも自己研鑽を積んでいました。彼女のそうした姿勢を私も見習いたいぐらいです。

ですが、彼女自身が人間として一回り大きく成長したかというと、そうでもないなと思っていたのです。彼女はビジネススキルを磨くことには一所懸命でした。要するに、水平的な成長です。

しかし、人間としての器の拡張や認識の枠組みが変化したかというとそうでもないなと。つまり、彼女の中で垂直的な成長がそれほど起こっておらず、もしかしたら垂直的な成長にはあまり取り組んでいなかったのではないかと気づきました。

室積　そうかもしれませんね。日本にも優れたビジネススクールはありますし、そこで提供される教育プログラムは優れていると思います。

しかしながら、発達理論の観点から述べると、そうしたプログラムが真に個人の変容を促すかと尋ねられると、そうでもないと思うのです。

私　同感です。私なりにわかりやすく解釈すると、水平的な成長は、パソコンのアプリケーションソフトをどんどん搭載していくようなイメージで、垂直的な成長は、オペレーティングシステムそのものを作り変えていくようなイメージなのかなと思います。

室積　わかりやすい喩えですね。

私　ちょっと不謹慎な言い方ですが、興味深いことに、彼女は最近自分の成長が頭打ちであることを私に打ち明けてきたのです。相談を受けたときは、有益な助言が何一つできなくて彼女に申し訳なく思っていました。彼女の成長を支えるために、私にどんなことができるでしょうか？

室積　そうですね、それを一緒に考えていきましょう。それを考えるヒントとして、彼女はこれまで数多くの成功体験を積んできたとおっしゃっていましたよね？

私　はい、そうです。

室積　彼女は、自分の成功体験についてどのように思っているか尋ねたことがありますか？

私　そういえば、先日、彼女と話をしたときに、そのような問いを投げかけてみました。

室積　どう答えてくれましたか？

私　先ほども述べたように、彼女は、ビジネススクールでＭＢＡを取得し、今もなお知識やスキルの獲得に余念がなく、極めて優秀なんです。間違いなく彼女の実力は抜きん出ていますが、彼女の成功体験についての話を聞いていると、どうも周りからのサポートに関する言及がなく、自分の力でそれを成し遂げたというような思い込みが強い気がしています。

まぁ、ほとんどのプロジェクトにおいて、彼女が独力で難局を切り開いていったというのは事実なんですが（笑）。それと気になったのは、彼女は過去の成功体験にしがみついているような印象も受けました。

室積　なるほど。彼女は確かに実力があり、これまで数多くのプロジェクトを成功に導いてきたものの、そのときに自分を支えてくれていた他者の存在に関する認識がないということですね。さらに、そうした成功体験にしがみついているという印象を受けると。

私　はい、そのように思います。

発達段階5へのカギを握る「他者の存在」

室積　実は、段階4から次の段階にいくためには、「他者の存在」の捉え方がカギを握ります。簡単に言うと、**段階5の要素が芽生えてくると、他者の存在は自分の成長に不可欠であるという認識が生まれてきます**。

そう考えると、彼女の視点を彼女自身に向けるのではなく、彼女の外側に向ける必要があります。その中で、他者の存在を彼女にどのように気づかせていくかが大切になると思います。

私　他者の存在に関して、彼女に気づきを与えていくということですね。

室積　そうです。例えば、どんな方法がありそうですか？

私　そうですね。実は、室積さんとのコーチングの話を部長にしたところ、その経験を活かして私がコーチとして、部下の成長を支援してほしいと頼まれたのです。

室積　そうだったのですか。

私　なので、彼女に対して、これから一ヵ月に一回ほどコーチングをすることになりました。本音を言うと、室積さんのような外部のプロのコーチにお願いしたほうがいいと思いますが、まずはコーチングというものがどんなものなのかを部長も知りたいということで、ある意味、実験的にはじめることにしました。

室積　なるほど。ということは、彼女とのコーチングを通じて支援をしていこうと？

私　そうです。今思いついたアイデアとしては、彼女はここでいったん、自分のキャリアの棚卸しをしたいと述べていたので、これまでどんな種類のプロジェクトをこなしてきたのかをまず聞いてみるつもりです。達成したプロジェクトについて、そのときに誰がそばにいて、誰の支援のもと、そのプロジェクトを達成できたのか、つまり、関係当事者がどのようなサポートをしていたのかを思い出してもらおうと思います。

そのときに、彼女自身に焦点が行き過ぎないようにするために、当時の関係者の仕事観や仕事スタイルなど、なるべく他者の存在に視点を向けてもらえるような対話を行っていきたいと思います。

室積　それは効果的かもしれないですね。というのも、段階4の人は、どうしても自分に焦点を当てがちだからです。**自分に焦点が向かえば向かうほど、ある意味、段階4の特性を強化してしまうことになり、段階5への成長が難しくなってしまいます。**

そのため、今、山口さんがおっしゃったように、部下や上司の仕事観や仕事スタイルなどに視点を向ける問いを投げかけていくのは有効です。

私　そう言っていただけると心強いです。

過去の成功体験に縛られる

室積　その他には、どんなアイデアがありますか?

私　そうですね……、彼女は過去の成功体験に強く縛られているので、過去のプロジェクトの話ばかりしていると、逆にそれが強化されそうだなと思います。

ただし、過去の成功体験が彼女の自信につながっているのは間違いないですし、人間が何かに挑戦するときは、過去の成功体験を思い出しながら行動していくことが大切だとも思います。

室積 その通りですよ。過去に積み上げた成功体験は、私たちに自信を与えてくれます。ここで確認したいのですが、「過去の成功体験に強く縛られている」という言葉をどのように使っていますか？

私 彼女が過去の成功体験に縛られているというのは、なにも新しいプロジェクトに乗り出さないということではありません。実際に、彼女は積極的に新しいプロジェクトに参画しています。ただし、彼女はどうも、これまで成功したやり方をそのまま採用している傾向があります。

室積 なるほど。彼女は積極的に新しいプロジェクトに参画してはいるものの、これまでにうまくいったやり方に固執しているということですね？

私 はい。正直なところ、これまでのやり方がうまくいっているのであれば、それをあえて崩す必要はないと思います。ただ、これは彼女が話してくれた悩みなのですが、最近はどうも過去の自分のやり方が通用しなくなっていることを薄々感じているようなのです。それなのに、過去のやり方を変えることが怖いと言っていました。

室積 その点に彼女の成長のカギがありそうですね。具体的に、彼女は何に対して怖いと感じているんでしょうか？　過去のやり方を変えてみて、どうなるから怖いと言っていましたか？

私　その点については、確認してないのでわかりません。

室積　ロバート・キーガンは「人間は意味を構築することを宿命づけられた生き物である」と述べているのと同様に、私が思うのは、「人間は思い込みを持って生きることを宿命づけられている」ということです。

もしかしたら、彼女はやり方を変えることに関して、何かしらの思い込みがあるのかもしれません。やり方を変えたことによって起こるであろう事態も思い込みの産物であり、彼女はそれを過度に恐れているため、やり方を変えることができないのかもしれません。

そうした意味で、彼女はどういったことを本当は恐れていて、どのような思い込みを持っているのかをまず明らかにしていくことが大事だと思います。

私　そうですね、是非やってみます。何に対して恐れているのかの確認と、彼女が具体的にどのような思い込みを持っているかを明らかにしていくということですね。

自分の意見と自分を同一視する

室積　彼女について、その他に何かありますか？

私　そうですね。これも彼女が自覚しつつあることですが、自分の意見に固執する傾向が強くあります。彼女の話す内容は論理的で明確であり、根拠もしっかりしています。しかし、他のメンバーが彼女の意見に補足しようとすると、それを受け入れようとせず、自分の意見を押し通そうとすることが何度もありました。

室積　なるほど。自分の考えや意見に固執するというのも段階4の特徴の一つですね。その他にどのようなことに気づかれましたか？

私　彼女は、自分の意見が批判されると表情が歪むのです。そして、少しムキになって、自分の論理を強化して、反論を制圧しようとするような印象もあります。実は、これらの点は、彼女のチームメンバーも指摘していることです。

室積　彼女は、自分の意見が批判されたときに表情が歪むと。このことについて、彼女自身はどのように感じているか尋ねたことはありますか？

私　いえ、ないです。私が思うには、彼女は自分の意見が批判されると、相当強い忌避感を感じるんだと思います。だから、そうした反論を覆すかのように高圧的な態度になってしまうのかもしれません。

室積　その点を探求していくと、彼女の成長に関する次のステップが見えてきそうですね。発達段階4の人は、自分の価値体系を客体化することができず、それにしがみついている、あるいは、同化していると指摘しました。結果として、段階4の人は、自分の意見と自分を同一視してしまうのです。

そのため、意見が批判されたことが、そのまま自分の存在を否定されたかのような感覚につながってしまいます。

私　なるほど〜、自分の意見と自分を同一視してしまうというのも、ある種の思い込みですよね。そうであれば、**自分の意見と自分は別のものだという認識を彼女に持ってもらえるような問いかけをするのがいい**のでしょうかね〜。

室積　そうですね、そうした問いかけは有効だと思います。自分の意見に固執していることから彼女を解放させてあげるために、その他にどんな方法がありそうですか？

私　その他の方法ですか……、う〜ん、ちょっと思いつかないですね。

室積　彼女は向学心に溢れ、とても優れた頭脳をお持ちのようです。ということは、彼女自身が自分の意見についてどのように見ているのかを尋ねてみてはいかがでしょうか？

つまり、**自分の意見を客観的に眺めてみることを促し、主張や論理の弱みがどこにあるのかを尋ねてみる**のはどうでしょう?

こうした問いかけをすることによって、自分自身の意見をより客観的に見ることができ、徐々に自分の意見との同化が少なくなっていくと思います。

私　それはいいアイデアですね！　自分の意見を客体化させる実践ということですね。確かにそうすることによって、自分の意見や主張の弱みや限界が明らかになることもあるでしょうし、そうすれば、他者の意見をより素直に受け入れていくような器ができるかもしれません。そうなってくれれば、徐々に彼女自身が成長し、自分の意見と自分自身との距離を適切に取れるようになってくれそうです。

室積　先ほど出てきた「自分の成長に他者の存在は不可欠である」という認識を彼女の中で徐々に育んでもらうために、彼女を取り巻く人たちからフィードバックを得てみることを彼女に提案してみるのもいいかもしれませんね。

私　あぁ、それもいいアイデアですね。ただ、彼女はプライドが高いので、フィードバックをもらう相手を慎重に選ばないといけないと思いますが、**他者からフィードバックを受けることによって、彼女の中で徐々に他者の視点を受け入れるような器が作られていく**ような気がします。

彼女が私に相談を持ちかけてくれたように、彼女の中では、メンターとなる存在が何人かいるようなので、そうした人たちから積極的にフィードバックを得るような提案をしてみたいと思います。

室積　今日も学びの多いセッションでした。どうもありがとうございました。
こちらこそ、どうもありがとうございました。

発達段階4の振り返り②

室積さんとのセッションを終えて、私は皇居の周りをゆっくりと散歩しながら、今日の振り返りを行っていた。秋も深まり、紅葉のシーズンもいよいよ終わりに近づいていることを日増しに感じる。黄金色をした街路樹の葉が、パラパラと私の目の前に落ちていく。秋が終わるというのは、こういう感じだったと改めて思い出した。

室積さんのコーチングのおかげで、私は内省をする時間を作ることができたし、このように、自然の移り変わりを愛でるような心のゆとりを持つことができたのだと感謝の念を持った。

それでは、今日の振り返りを行いたい。まず、段階4に到達しているであろう部下の成長意欲についての話だ。彼女は、勉強家であり、人一倍強い成長意欲を持っている。ただし、彼女の成長意欲が向かう先は、ビジネススクールに通い、ビジネスに関する知識を獲得することや、自己啓発書やセミナーで紹介されているようなスキルを獲得することに向けられている。

そして何より気になっていたのは、そうした彼女の努力に反して、人間としての器や認識の枠組みなどがほとんど変わっていなかったことだ。

そこで室積さんから興味深いご指摘をいただいた。室積さん曰く、「自己成長」には二種類あるとのことだ。一つめは、「水平的成長」と呼ばれるものである。これは、彼女が懸命に行っていたように、知識やスキルの量を増やすことで成長を図るということだ。

もう一つは「垂直的成長」と呼ばれるものだ。これは、人間としての器や認識の枠組みがこれまでのものとは異質のものに変容することである。言い換えると、垂直的成長とは、知識やスキルの量を増やすのではなく、知識やスキルを加工する容器そのものが変容することで、人間性が広がり、深まるようなイメージだ。さらに別の表現を用いると、認識の枠組み自体が変化し、これまでの世界観とはまるっきり違うレンズをかけて世界を認識できるようになると言ってもいいだろう。

そして、水平的成長は、パソコンのアプリケーションソフトを増やすことに喩えられ、垂直的成長は、パソコンのオペレーティングシステムそのものを変えていくことに喩えられる。要するに、発達理論が扱う意識の成長・発達とは、垂直的な成長のことなのだ。こうした発想は、日本の企業社会における人財育成の場でほとんど語られてこなかったため、とても斬新に思う。

また、今日のセッションを通じて、発達段階5へ至る道筋のようなものもわずかばかり見えてきた。段階4は、意識の焦点が自己にあり、自分の価値体系の枠組みに縛られているのだ。そこから徐々に成長していくと、私たちは、自分自身の価値体系すらも客観的に見ることができるようになってくる。

そこから、私たちは、他者の存在は自分の成長に不可欠であるという認識を持つに至る。部下の彼女に獲得して欲しい認識は、まさにこれである。こうした認識を彼女の中で育んでもらえるような対話を今後は心がけていきたい。

最後に、「人間は思い込みを持って生きることを宿命づけられている」という室積さんの言葉が印象に残っている。これは彼女だけではなく、自分自身を振り返ってみても、まさにその通りである。私たちは皆、大なり小なり、様々な思い込みを持って日々生きている。すなわち、思い込みを持っていることは当たり前であり、決して悪いことではないのだ。

ただし、そうした思い込みが自分の成長を阻害する「怖れ」になってしまうことがある。今後のセッションでは、私自身がどのような思い込みを持っているのかを洗い出し、それをどのように克服していくのかを学ぶことによって、彼女を含め、自分の部下が思い込みや怖れから解放されるような支援を行っていきたい。

第五章

多様な部下との関わりから他者の成長に目覚める

自己変容・相互発達段階における変革型リーダーへの成長

発達段階4の部下のその後

再びマレーシアに出張に行っていた私は、日本に帰ってきて、すっかりと冬が到来していることに驚いた。

私の心の中でしっかりと焚かれている成長の灯火が、肌を刺すようなこの冬の寒さを和らげてくれているように感じた。

そんなことを思いながら、室積さんとの待ち合わせ場所である、例のホテルのラウンジに向かっている。

室積　山口さん、こんにちは。随分と寒くなってきましたね〜。

私　こんにちは。そうですね、随分と寒くなってきましたね〜。体調は大丈夫ですか？

室積　はい、大丈夫です！　健康には人一倍気を遣っているので！

山口さんはいかがですか？

私　私も元気にやっています。それでは、今日もどうぞよろしくお願いします。

室積　こちらこそ。以前お話ししていただいた、女性の部下の件はいかがですか？

私　おかげさまで、彼女は、徐々に他者の存在を受け入れはじめ、自分の思い込みに気づくことができていると感じています。

具体的には、彼女のこれまでのキャリアについて話をし、過去のプロジェクトを振り返っていきました。その振り返りの中で、室積さんからご提案があったように、当時の彼女を支えていた周りの人たちについて焦点を当ててもらえるように対話をしていきました。

室積　そうした実践によって、彼女自身が徐々に成長していったということですね。

私　そうです。これまでの彼女は、過去の成功体験に縛られており、新しいやり方をどうして試すことができないのか、彼女自身も悩んでいたんです。ですが、室積さんと一緒に作ったアクションプランのおかげで、この点についても改善が見られました。

室積　それはよかったです。具体的にどのような改善が見られましたか?

私　はい。彼女が話してくれたのは、徐々に自分自身が抱える思い込みから解放されつつあるということです。**自分の行動を制限していた思い込みに気づき、そこから解放されることで、どんどん新しいやり方に挑戦できるようになってきた**と言っていましたし、私から見ても、同じように感じています。

室積　それは彼女自身にとって大きな変化ですね。

私　そのように思います。さらに、段階4の特徴を強く持つ彼女は、自分の意見が批判されると強い違和感を覚え、それがすぐに言動に表れてしまっていたのですが、その点も変化がありました。**自分の意見の弱みや他者の主張の優れた点を考えさせることによって、彼女の中で自分を客観的に見る力が高まってきました。**

その結果、これまでの彼女は、自分の意見と自分が同一化していたのですが、今では自分の意見と適切な距離を置くことができるようになり、**意見が批判をされても、メンバー同士でより良い議論をするための振る舞いができるようになってきました。**

室積　なるほど。彼女は徐々に自分の意見と適切な距離を置くことができるようになり、より良い議論ができるように振る舞えるようになってきたということですね。

私　はい、そうなんです。彼女にコーチングをしていて、ふと思ったことがあります。

室積　何でしょうか?

私　はい。室積さんとのコーチングがなければ、彼女の成長を支援することなどできなかったであろうということです。室積さんとのコーチングによって、話の聞き方や質問の仕方などを学んだのはもちろんなのですが、それ以上に、室積さんとのコーチングを通じて、自分自身が成長できたからこそ、彼女の成長を支援することができたんだと思います。

室積　山口さんにそう言っていただけて嬉しいです。

コーチングと自己成長

私　私自身、部下にコーチングをすることによって、コーチングをする側の発達段階が他者の成長に影響を与えることを実感しました。そのあたり、どうお考えでしょうか？

室積　そのご指摘はごもっともです。結論から言うと、**他者の成長に関わる者の発達段階は、支援の質と効果に極めて大きな影響を与えます**。これについては、エグゼクティブ・コーチングの効果について研究をしているオットー・ラスキー博士が、発達理論の観点から興味深い調査結果を報告しています。

ラスキー博士は、エグゼクティブを対象に、一年間のコーチングを提供し、エグゼクティブの意識段階の発達に与える効果について調査をしました。

この結果明らかになったのは、エグゼクティブよりも意識段階の低いコーチは、一年間のコーチングを提供しても、エグゼクティブたちの意識段階の成長に一切寄与しなかったということです。

逆に、エグゼクティブよりも意識段階の高いコーチは、一年間のコーチングを通じて、エグゼクティブたちの意識段階の成長を促すことができたということです。

私　それは面白いですね。つまり、成長・発達支援をする際には、支援を行う者の発達段階が支援される者の発達段階よりも高くないと、効果がほとんどないということですね。

室積　その通りです。ただし、注意していただきたいのは、この研究が対象にしていたのは、あくまでも垂直的な成長に及ぼす効果であって、水平的な成長に及ぶす効果ではないということです。

私　あぁ、なるほど！　要するに、意識段階の低いコーチからコーチングを受けたとしても、何かしらの知識やスキルは得られるかもしれないという意味ですね。

つまり、水平的な成長は、どんなコーチからコーチングを受けようとも起こりうる可能性があると。ただし、**人間としての器の拡張や認識の枠組みを変えるような垂直的な成長は、意識段階の低いコーチからのコーチングでは起こらない**ということですね。

室積　まさにその通りです。それでは、意識段階の低いコーチからのコーチングは、どうして垂直的な成長を支援することができないのでしょうか？

私　ちょうど今、私もその理由について考えていたんです。このようなことが言えるのではないかと思います。

意識段階というのは、レンズのような認識の枠組みを表していました。そう考えると、意識段階の低いコーチだと、エグゼクティブが見ている世界が見えないのではないでしょうか？　例えば、エグゼクティブは、建物の五階から景色を眺めているのに、コーチは四階からの眺めしか見えていないようなイメージです。

室積　その喩え、いいですね（笑）。意識段階というのは、認識の枠組みを表し、発達段階のズレは、そのまま認識の枠組みのズレにつながります。仮に、エグゼクティブのほうが意識段階が高いと、コーチはエグゼクティブとの認識のズレに苦しむことになります。

その結果として、コーチはエグゼクティブの世界観を適切に掴むことができず、彼らをより一段と成長させるような支援ができなくなってしまいます。

私　なるほど。この話は、上司と部下の関係にもそっくり当てはまりますね。上司として部下を育成する際に、**上司の意識段階が高くないと、部下の垂直的な成長を支援することができない**ことになりますね。

室積　おっしゃる通り、オットー・ラスキーの研究成果は、コーチとエグゼクティブの関係だけではなく、上司と部下の関係、親と子供の関係などにも当てはまると思います。企業組織の中で、知識やスキルを伸ばす水平的成長のみならず、人としての器や認識の枠組みを変容させていく垂直的成長を支援できるような上司の存在は、今後ますます重要になってくると思います。

私　同感です！　室積さんが企業の中間管理職や次世代リーダーに対して、発達支援コーチングを提供している意味がわかったような気がします。彼らの成長や発達を支えることだけではなく、直接的に多くの部下と関わることの多い彼らが、自分の部下の成長や発達を支援できるようにすることも念頭に置かれているのかなと思いました。

室積　実はそうなんです（笑）。

私　やっぱりそうでしたか（笑）。それでは、私自身のさらなる成長に関して、少し相談させていただいてもいいですか？

室積　はい、もちろんです。

自己の脱構築サイクル

私　実は、以前相談させていただいた発達段階4の彼女のように、私自身がまだまだ発達段階4に縛られているような気がするのです。彼女ほど、意見が否定されることに対して感情的に揺さぶられることはないのですが、段階4を超えていくためには、あと一歩何かがかけている気がするのです……。今日は、その一歩が何なのかを掴むことができたらと思います。

室積　なるほど。山口さんご自身が、段階4にまだまだ縛られていると感じるのはどういうことからでしょうか？

私　はい。うまく説明できるかわからないのですが、自分の価値観の枠組みに縛られている気がするのです。自分の価値観の枠組みの外側にあるものを認識しはじめていると思うのですが、どうもそうしたものに触れるのを恐れているというか……。そう考えると、自分の価値体系の外にある意見や主張を受け入れ難いという、彼女の課題と似ている気がしてきました。

室積　なるほど。実は、発達段階4を乗り越えて、次の段階に到達するには、今おっしゃった課題を克服していくことが大事になります。

簡単に述べると、発達段階4に到達するためには、自分独自の価値体系を構築することが求められましたが、段階5に到達していくためには、構築した価値観を打ち壊していく必要があるのです。一度構築した価値観を打ち壊し、再び新たな価値観を作っていくプロセスは、「**自己の脱構築サイクル**」と呼ばれます。

私　なるほど。段階4に到達するためには、独自の価値観を築き上げる必要があったけれど、段階5に到達するためには、それを壊して新たな価値観を作っていく必要があるということですね。「自己の脱構築サイクル」という名前から察するに、価値観を作っては壊し、作っては壊しというプロセスが続くという意味でしょうか？

室積　はい、そうです。人間の成長・発達は、以前の段階を乗り越えて次の段階に到達するため、その姿は「**死と再生のプロセス**」と呼ばれたりします。段階4から5にかけて見られる、既存の価値観を壊し、新しい価値観を作っていくという連続的なプロセスは、まさに死と再生を言い表していると思います。

私　「死と再生」というのは、なかなか重たい言葉ですね……。ですが、確かにそうだと思います。「**価値観が変わって、世界の見え方が一変した**」という言葉をよく耳にしますが、そのときには、まさに既存の価値観が死に、新しい価値観が誕生しているんですね。

既存の価値観を乗り越えるには

室積　まさにそうです。それでは、既存の価値観を壊していくためには、どんなことが必要でしょうか？

私　そうですね〜……、人間は、現状維持をする生き物であり、自分自身のことを一番大切にするような衝動が根底にあると思うのです。そう考えると、自分一人で既存の価値観を壊すことはできないのではないかと思います。やはり、自分とは異なる他者の存在が必要と言いますか……。

室積　山口さんのご指摘通りです。私たちが、**既存の価値観を乗り越えていくために必要なことは、「異質なものに触れる」こと**です。心理学者のロジャー・ウォルシュは、「人間の成長とは、既知なるものから未知なるものへと至る運動である」と述べています。

つまり、私たちは、異質な存在に触れることによってはじめて、今の自分を知り、既存の自分から脱却していくような行動を起こすことができるのです。

私　「人間の成長とは、既知なるものから未知なるものへのプロセスである」という言葉は、今の自分にとても響きます。ともすれば、自分とは異なる異質な存在を避けようとする傾向がこれまでの私にはあったので。

そう考えると、異質な存在と出会うように行動することが、今の自分に一番大事なのかもしれません。

室積　なるほど。それでは、具体的にどのような行動が考えられますか？

私　例えば、**一つめの行動として、異業種の人と触れ合う機会を作る**ということがあります。普段の業務に忙殺されていると、異業種の人と触れ合う機会などなかなかなく、自分の会社の中だけで世界が閉じているような感じがするんですね。

あとは、せっかくここまで発達理論を学んできたので、発達理論について学びをより深めていけるようなコミュニティを見つけたいです。

室積　異業種の人に触れること、社外のコミュニティに参加するということですね。それらはすべていいことだと思います。

私　特に、発達理論の学習コミュニティを探したいと思います。一人で学んでいると学習へのモチベーションを保つのにも苦労しますし、何より、他の人の意見を聞くことによって学びが格段に深まると思うので……。

室積　私たち成人が学習コミュニティに参加する意義は、そうしたところにあると思います。学習コミュニティに参加すれば、それは、モチベーションを保ってくれる仕組みとして機能します。

　さらには、参加するメンバーの方たちの知識や経験は多様だと思うので、そうした人たちと意見交換することによって、新しい視点、異質な観点と触れることになるでしょう。

私　それと、社内でできることとして、**新しいプロジェクトに積極的に参加することや他の部門の方たちと共同でプロジェクトを進める**というのも良さそうだなと思いました。

室積　なるほど。

私　部門が違えば、少なからず文化が違うのは確かだと思うので、部門が違う方たちは、ある意味、異質な存在だと思うのです。これまでのプロジェクトは、どちらかというと、同じ部門の人たちばかりで行われていましたし、他部門の人に意見を求めるようなことはほとんどありませんでした。
なので、今後は、他部門の人たちともっと積極的に意見交換するような場を作り、理想としては、他部門を巻き込みながら、大きな共同プロジェクトをやってみたいと思いました。

室積　それは素晴らしいじゃないですか！　新しいプロジェクトに参加するということだけでも、これまでとは違うものが求められると思うので、未知なるものとの出会いにつながると思います。
さらに、異質な存在である他部門の人たちを巻き込んで、共同でプロジェクトを推進していくというのは、まさに異質なものと対峙し、それを受け入れていくことにつながると思います。

成長への葛藤が生じるとき

私　早速、新規プロジェクトの草案を作りたいと思います。これまでの私は、どこか葛藤のようなものを抱えていて、ここ最近は特に悶々とした日々を過ごしていたように思います。ですが、今のように考えが及ぶことで、その葛藤が吹っ切れたようです。

室積　なるほど。山口さんの言われる通り、**人間の成長・発達は葛藤を乗り越えていくプロセス**でもあるのです。

私　葛藤を乗り越えていくプロセス？

室積　そうです。私たちは、ある発達段階に到達すると、そこでしばらく留まっていたいと思うようになります。

そして、しばらく留まるというのは、成長・発達において極めて重要なことなのです。その発達段階を真に味わい尽くすことなく、次の発達段階に移行しようとすると、発達の土台が脆弱なものとなります。成長に関して葛藤が起こるのは、まさに二つの発達段階の間を揺れ動いているときなのです。

つまり、**安心感をもたらす今の段階に留まっておきたいという気持ちがありながらも、徐々に今の段階の限界を感じ**じ、**次の段階に向かっていきたいという二つの相矛盾する気持ちが芽生えたときに**、**成長・発達に対する葛藤が芽生える**のです。

私　その感じ、よくわかります！　振り返ってみると、ようやく辿り着いた発達段階４の状態が心地よかったのですが、徐々にそれではまずいという気持ちが芽生えてきて、そうした二つの気持ちを行ったり来たりしている自分がいました。ですが、今はそうした葛藤が和らいでいき、いよいよ次の段階に向かっていくような準備ができました。

室積　「準備ができた」というのは、とても大切な感覚です。人の成長を支援していく際に、次なる成長へ向けて、その人の準備ができているかどうかを見極めていくことがカギを握ります。

私　なるほど。準備ができていないのに、成長させようとするのは害がありそうですね。

室積　そうなんです。人間の成長は、とても繊細なので、**無理に成長させようとすると、成長が止まってしまったり、歪な成長を遂げてしまったりするという危険性を内包している**んです。

私　その辺りを肝に銘じて、部下の成長支援を行っていきたいと思います。

イチローと羽生善治に見る脱構築

室積　はい、その点はとても大事だと思います。ここで山口さんにお聞きしますが、段階4を超えて、段階5に向かおうとしているような人が身近にいらっしゃいますか？　あるいは、どなたかロールモデルとなるような人は？

私　社内の人間では……残念ながら、すぐに思いつきません。ですが、例えば、メジャーリーガーのイチロー選手はどうでしょうか？　私から見れば、イチロー選手は、段階5に近づきつつある人に見えます。

室積　なるほど。メジャーリーガーのイチロー選手ですか？　イチロー選手は、稀代の野球選手としてだけではなく、発達理論の観点から見ても大変稀有な存在ですね。なぜイチロー選手が段階5に近づいていると思ったのですか？

私　それはですね、イチロー選手は、バッターとしての自己を常に「脱構築」しているように見えるからです。というのも、イチロー選手は、どんなにその年の成績が良くても、必ず次の年には、バッティングフォームを変えますよね？

これは、現状の自分にとらわれることなく、常に新しい自己を作り変えていくことに等しいんじゃないでしょうか？

室積　確かにそうかもしれませんね。私もテレビでイチロー選手が「二〇年間プレーをしてみてわかったのは、打撃の最終的な完成形がないということです」と発言しているのを見たことがあります。

この発言は人間の成長にも当てはまり、人間の成長にも完成形などないのです。常に今の自分を乗り越えていこうとするイチロー選手の姿勢は、一生成長し続けるという人間の宿命を見事に映し出している気がします。

私　本当にその通りですね。そう考えると、野球人としてのみならず、人間としてのイチロー選手の凄味が伝わってきますね。

室積　それ以外にイチロー選手が段階5に近づきつつある理由が何かありますか？

私　あっ、そういえば、段階5の明確な定義をまだ聞いていませんでした（笑）。

室積　そういえばそうでしたね（笑）。段階5の特徴を一言で述べると、「自分は絶え間ない変化の中で生きており、自らも絶えず変化している」という認識を持っていることです。段階5の定義は、詳しくは次回のセッションで説明したいと思います。今日は、どういった要素があれば、段階4を超えていると言えるのかを話し合いましょう。

私　わかりました。その観点からすると、イチロー選手は、自分という存在の捉え方が、他の多くの選手と大きく異なる気がするのです。うまく言えないのですが……。

室積　なるほど、私もその点に気づきました。テレビでのインタビューを見たときに、自分という存在を野球という大きな文脈の中で捉えていることに気づきました。

もう少し説明すると、**段階5に近づきつつある人は、自分の性格や個性、さらには、自分の歴史までも客観的に捉えることができ、それらが自分を超えた世界の中で脈々と形成されていったことを的確に認識できる**のです。

私　あぁ、まさにそんな感じです。イチロー選手は、もはや小さな自分という存在にとらわれておらず、自分という存在は、より大きな何かに立脚しているという認識を持っているのではないかと思います。

室積　私もそう思います。それでは、イチロー選手以外で、段階5に近づいているような人はいらっしゃいますか？

私　そうですね。将棋棋士の羽生善治さんも段階5に近づいているかもしれません。

室積　羽生善治さんですか。段階5に近づいている理由はどういったものでしょう？

私　イチロー選手と同じように、羽生さんも常に新しい指し手を試し、棋士としての現在の自分にとらわれていない感じがします。つまり「脱構築」です。

室積　そう言えば、そうですね。将棋の指し手に関して、定石を疑い、常に固定観念を打ち壊していこうとする姿勢は、段階4を超えた人に特有のあり方です。長年積み上げてきたものでもそれが通用しなくなれば、過去のやり方にとらわれずにそこから脱却し、新たなものを作り出していく姿勢が大切です。

厳密に述べると、**これまでのものが通用しなくなってからそれを壊していくのではなく、常に既存のやり方を検証し、自分自身を絶えず更新していくような姿勢を羽生さんは持っているように**見受けられます。

まさに羽生さんは、段階5の特徴を体現している類まれな存在であると言えます。

私　そうですよね！　羽生さんが以前、「**固定観念にとらわれていると、未知のものに遭**

遇しても驚くことができない」と述べていたのを思い出しました。自分の今後のテーマと関係して、異質なものと真に出会うためには、既存の価値観や見方などに縛られていてはならないのだなと改めて思いました。

室積　その通りですね。固定観念を常に疑い、異質な存在が目の前に現れたときに、純粋にその対象に驚ける、というのは大事な点ですね。ある意味、**こうした「驚き」が小さな自己の殻を破っていくきっかけになる**と思うのです。

あっ、気づかない間に、今日のセッションも終わりに近づいていますね。その他に何か付け足すことがなければ、このあたりで終了させていただきたいのですが、いかがでしょうか？

私　大丈夫です。今日も多くの気づきを得ることができました。また次回もどうぞよろしくお願いします。あっ、契約では一応、次回が最終回ですよね？　場所はどうしましょうか？

室積　それでは、私たちがはじめて出会った「あの場所」にしましょう！

私　私たちがはじめて出会った「あの場所」ですね、了解しました！

本日のセッションの振り返り

室積さんとのセッションが終わり、ホテルのラウンジから会社に戻る最中に、次回のセッションが最後であるということを改めて思い出した。

室積さんとの一年間のコーチングは、長かったようであっという間のようにも思える。人間の時間感覚は、本当に相対的なものであり、時間は伸びもするし、縮みもする不思議な存在であると思った。

そんなことを思いながら、今日の振り返りを行いたい。

今日は、最初に、発達段階4にいる部下の成長度合いについて話をした。私から見ても、彼女は着実に成長を遂げているのがわかってはいた。改めて室積さんからのフィードバックをいただくことによって、彼女が本当に成長してくれていることを確認することができたので、それは非常にありがたかった。

二つめの学びは、発達支援をする者が、発達支援の質と効果に与える影響についての話である。結論から述べると、意識段階の低い者は、自分よりも意識段階の高い者を決して支援できないということだ。より厳密には、知識やスキルを教えることはできたとしても、つまり、水平的成長を支援することはできたとしても、人としての器の拡張や認識の枠組みを変えるという垂直的成長を支援することはできないということだ。

この点について、発達理論をエグゼクティブ・コーチングの研究に適用したオットー・ラスキー博士の実証結果が参考になる。室積さん曰く、発達段階の低いコーチは、自分よりも発達段階の高いエグゼクティブに一年間のコーチングを行っても、垂直的な成長を促すことができなかったそうだ。

この実証結果は、コーチングのみならず、上司が部下に行う人財育成にも当てはまるだろう。部下を持つ課長として、彼らの成長・発達を支援していくために、自分自身の成長・発達がカギを握ると改めて思った。

そして、自分自身の成長や発達を考える際に、現在の課題は、いかにして既存の価値観の枠組みから解放されるかということだった。具体的には、自分の既存の価値観を手放し、新しい価値観を作っていくことが求められていると思った。既存の価値観を打ち壊し、新しい価値観を作っていくプロセスを「自己の脱構築サイクル」と呼ぶらしい。

こうしたサイクルを回すためには、「異質な他者の存在」が不可欠となる。室積さんによれば、心理学者のロジャー・ウォルシュは、「人間の成長とは、既知なるものから未知なるものへのプロセスである」と述べているそうだ。私たちが未知なるものへと変貌を遂げていくためには、異質なものとの出会いが必須となる。

自分にとって、異質なものと出会うためにやっていきたいのは、社内的には、新しいプロジェクトに積極的に参加するということだ。特に、文化の異なる他部門の人たちを巻き込むようなプロジェクトであればあるほど望ましい。

こうしたプロジェクトを推進していく最中、他部門の方たちの意見に対して積極的に耳を傾け、彼らの独自の価値観から生み出される視点を取り入れることをしていきたい。

もし、そうしたプロジェクトがなければ、自分から新規プロジェクトに関する提案を行っていきたい。

そして、社外的には、異業種の方と接点を持つような試みをしてみたい。特に、今は発達理論に強い関心を持っているので、発達理論を学び合えるような学習コミュニティがないかどうか早速インターネットで調べてみたい。

最後に、段階4を超えて、段階5に近づいている方たちの話をした。そこで取り上げられたのは、メジャーリーガーのイチロー選手と将棋の羽生善治さんだった。彼らに共通して言えるのは、常に現状の自分に甘んじることなく、自己を絶えず乗り越えていこうとする姿勢である。

室積さんから教えていただいた言葉を用いるならば、彼らはともに「死と再生のプロセス」を常に経験しているのだろう。固定観念に縛られず、常に自己を書き換えていくことは、「言うは易く、行うは難しだ」と思うが、そうした試みが今の自分に求められていることなんだと思った。

次回は、いよいよ室積さんとの最後のセッションである。最後はどのようなセッションになるのだろうか……。

終わりであり、始まりでもある最後のセッション

山口光も室積敏正もお互いに、今日が最後のセッションであり、今日でコーチングが終

わるという実感がなかった。

実感がなかったというよりも、何かが終わることは、何かが始まることを意味しており、「人生の中で途切れることなく脈々と流れ続ける何か」をお互いに感じているようだった。

もうすぐ春が訪れようとしている。

それなのに今日は、もう一度冬に戻ったかのような寒い日だった。

私　あれっ、これはナパバレーの「オーパス・ワン」ですよね？　カリフォルニアワインがお好きなのですか？

室積　こんばんは、山口さん。それは、私がはじめて山口さんにお会いしたときに言ったセリフじゃないですか（笑）。

私　最初の出会いが懐かしくて、つい室積さんのセリフを口にしてみたくなったんです（笑）。最後のセッション、どうぞよろしくお願いします。

室積　こちらこそ。今日は、最初に発達段階5について理解を深めていき、これまでの一年間を一緒に振り返っていくという流れを考えています。

私　いいですね！　よろしくお願いします。

室積　それでは、早速ですが、発達段階5の説明からはじめていきます。段階5は、別名「**自己変容段階**」あるいは「**相互発達段階**」と呼ばれています。最初の「自己変容段階」というのは、どんな特徴に由来していると思いますか？

私　はい。推測するに、段階5の人は、**自分の価値観に横たわる前提条件を考察し、深い内省を行いながら、既存の価値観や認識の枠組みを打ち壊し、新しい自己を作り上げていける**のだと思います。そうした特徴を「自己変容段階」と表現しているのだと思います。

室積　その通りですね。自己変容段階の人は、これまで自分が頼りにしていた自分の歴史・経験、個性・性格、思い込みや過去の成功など、自分を構成するありとあらゆるものに対する認識が深まっていきます。

少し掴みづらいかもしれませんが、「**自分を構成する諸々のものは、虚構の産物である」という認識を持つようになります**。そうした認識を持てるがゆえに、虚構の産物にしがみつくことなく、それらを絶えず更新できるような特徴を持っているのが段階5の人たちなのです。

私　「自分を構成するものは、虚構の産物である」というのが掴めるというのは、相当高度な認識力ですね。もしかして、段階5の人は、もはや自分を構成するいかなるものにも同一化していないということですか？

室積　その通りです。

私　なるほど。その点を考えると、段階5の人は、何物にもとらわれていない開放感があり、柔軟性があるということでしょうか？

室積　**「開放感」と「柔軟性」は段階5を表すキーワード**です。段階5の人は、もはや自分の認識が生み出した、いかなる対象物（個性、地位、お金、名誉など）にも強く同一化することはありません。彼らは、自分が認識できることの全ては、世界の限られた側面しか映し出していないことを知っています。

結果として、彼らは、人生というものが一生にわたる「学びの場」であるということを、陳腐な決まり文句としてではなく、深いところで理解しているのです。彼らにとって、「**生涯続く学びそのものが、自分の人生になる**」のです。

私　「生涯続く学びそのものが、自分の人生になる」という言葉は、意味深長ですね……。先ほど、「開放感」と「柔軟性」が段階5のキーワードであるとおっしゃっていて、それはなぜですか？

室積　そうですね。これは、発達段階5が「相互発達段階」と呼ばれることと関係しています。段階5の人は、自分の価値体系も虚構の産物であるということを認識しているので、それにとらわれることなく、**価値体系をオープンなものにし、他者と関わり合うこと**

によって、お互いの成長・発達を促すような触媒の役割を務めることができます。「開放感」というのは、まさに段階5のこうした特性から生み出される感覚です。

私　なるほど〜。「柔軟性」に関しても、ほとんど同じことが言えますよね？　段階5は、自分を構成するいかなるものにも縛られていないため、他者とコミュニケーションするときにも柔軟に対応することができますし、状況が変われば、それに対して柔軟に適応することができるように思います。

室積　山口さんのおっしゃる通りです。

透明な自己認識

私　「相互発達段階」という言葉を聞いて、私が子育てを通じて得られたことと似ている気がしています。

室積　興味深いですね。それはどんなことでしょうか？

私　はい。長女が生まれてからかなりの期間、「娘を育てなければ」という意識がとても強かったんです。どうすれば、娘が立派な人間として育ってくれるのか、そんなことを常に思いながら子育てをしていました。

それが最近、「あれっ、自分が娘を育てているのだろうか？　それとも、娘が私を育ててくれているのだろうか？」という問いが突然芽生えました。なんだか禅問答のような感じですが……。

室積　それは、段階5の特徴である「**透明な自己認識**」かもしれませんね。

私　「透明な自己認識」ですか？

室積　はい。段階5の人は、もはや何ものにもとらわれることなく、自分という存在を他者に開放しているので、極端な言い方をすると、自分と他者を区別することをしないのです。そのため、**他者の成長を支えることは、他者は自分の成長を支えてくれているということに等しい**、という認識に至るのです。

ですから、山口さんが娘さんを育てることに関して、「自分が娘を育てているのか、娘が自分を育ててくれているのか」というように、そうした認識は、段階5に近づいてくると沸き起こるものなのです。

私　それは面白いですね！　こうした認識が、部下の育成の際にも沸き起こってきたら、私は段階5になったと言えるんですね。道のりはまだ長いと思いますが（笑）。

室積　そうですね（笑）。部下の育成の際に、そうした認識が生まれてくれれば、それは、「相互発達段階」を体現した支援者としての成長を意味しています。

私　段階5のそうした一般的な特徴をもとにすると、企業社会において、段階5の人はどんな特徴を持った人財であり、どんな貢献をすることができるのですか？

室積　そうですね。まず、発達段階5の人たちは、**他者との協同は、異なる認識の枠組みを理解する素晴らしい機会であると認識しています。他者との協同を通じて、自分自身と他者をより良く理解するために、段階5の人たちは自分の価値体系や認識の枠組みの限界を頻繁に曝け出そうとします。**

そのため、段階5の人たちは、企業社会において、**良き協同者**になり得ます。

また、企業のゴール、企業システム、企業文化を創出するための価値観を再考する際にも、彼らは貴重な存在として重宝されます。

私　企業社会において、段階5の人は、良き協同者になり得て、企業のゴール、企業システム、企業文化を見直す際にも重宝されるということですね。

室積　その通りです。それでは、段階5の人たちは、企業社会において、どのようなポジションがふさわしいと思いますか？

相互発達という認識

私　そうですね。発達段階5の人たちは、「相互発達」という認識を持っているので、人財育成に携わるポジションにふさわしいんじゃないでしょうか？
もっと言ってしまうと、段階5の人は、部下のみならず、会社組織そのものを成長させるような役割を担えるように思います。
また、既存のものにとらわれることがほとんどないという特徴を踏まえると、リスクを取って事を成すポジションにもふさわしいと思います。

室積　その通りです。段階5の人たちは、**部下のみならず、組織全体を成長させてくれるような力を持っている**と言えます。
さらに、過去の功績や過去のやり方に縛られることがなく、何ものにもとらわれることがないので、**リスクを取って物事を推し進めていくような力も持っている**と思います。

私　そうしたことを考えると、段階5の人は、もはやマネジャーという領域を超えて、人や組織を導く真のリーダーじゃないですか！

室積　山口さんのおっしゃる通り、**段階5に到達してはじめて、人と組織の永続的な成長**

を促し、人と組織を導いてくれる真のリーダーになるのだと思います。

私　思ったのですが、段階5の人たちが組織において生み出す文化は、とてもオープンであり、お互いの成長を支援し、限界を合理的に認識しながらも、リスクを取ることを後押しするような特徴を持っているのではないでしょうか？

また、段階5の人たちは、部下や組織全体を発展させること、そして持続可能な成長を奨励するような文化を生み出すことができるのかなとも思いました。

室積　それはいいところに気づきましたね。段階5の説明をして、そうしたことに気づかれた方は過去にいらっしゃらなかったと思います……。

私　そうなんですか！　そう言われるとなんだか嬉しいですね。そういえば、以前マネジャー研修を受けたときに、マサチューセッツ工科大学のピーター・センゲ教授が提唱した「学習する組織」について学んだのですが、段階5の人たちが生み出す組織の特徴と似ているなと思いました。

室積　確かに似ていると思いますね。センゲ教授も、「**学習を通じて、私たちは新しい自己を形成していく**」という指摘をしていますし、組織の中でお互いに学び合い、新たな認識と新たな関係性を絶えず構築していく様子は、段階5が生み出す組織の特徴と似ていると思います。

それでは、段階5の人たちに固有の発想法について見ていきたいと思います。あえて唐突な質問をしますが、山口さんから見て、段階5の人たちはどんな思考法を持っていると思いますか？

私　そうですね、段階5の人たちは、以前の話に出てきた「曖昧さを受け入れる許容度」がとても高いように思います。なので、曖昧なものに押しつぶされずに物事を判断できる思考ができると思います。

室積　いい線をついていますよ。実は、段階5の人は、優れた「**システム思考（複眼的思考）**」を持ち合わせています。そのため、**彼らは相反することから逃げるのではなく、対極にあるものを統合させるような働きかけができる**のです。

多様な観点を考慮し、対極にあるものを統合できる思考方法を持っているというのも、段階5の大きな特徴です。

私　なるほど、それはすごいですね。

室積　少し繰り返しになりますが、段階5の人は、他者の成長を支援する者としてどのような認識を持っていると思いますか？

私　そうですね、先ほどの話にあったように、段階5の人は「相互発達段階」と呼ばれているので、自分の成長と他者の成長が繋がっているという認識を持っているのだと思います。この段階に到達してはじめて、他者の成長を真の意味で引き出せるのではないかと思っているのですが、このあたりはいかがでしょうか？

室積　その通りです。段階5の人たちは、他者の潜在的な発達可能性を認識することができます。仮に他者が、その人自身の潜在的な発達可能性に到達していない場合、段階5の人は、その人の成長を支えていくことが極めて重要であると感じます。

私　他者の潜在的な発達可能性を認識することができるというのはすごいですね。

室積　はい。実は、人間誰しも相手の発達段階を見極める直感力のようなものを持っています。相手の言動を観察しながら、その人が自分よりも能力的に優れているのか否かを直感的に把握するような力が、人間には内在的に備わっていると言えます。

段階5の人は、他者の発達段階を見極める直感力が研ぎ澄まされているだけではなく、他者がどれくらい発達可能性を秘めているのかもわかってしまうような感性を持っています。

私　なるほど。私たちには、相手の発達段階を見極める直感力のようなものが備わっているというのは頷けます。「あの人はレベルが違う」「あの人は格が違う」というような言葉を日常よく耳にしますが、そうした言葉は、私たちは自然と相手の発達段階を察知していることを示していたのですね。

ところで、段階5の人は、どうして他者がどれくらい発達可能性を秘めているのかがわかるのでしょうか？

室積　鋭い質問です（笑）。段階5に到達する人は、成人人口の一パーセント未満だと言われています。それぐらい到達が難しい段階であり、この段階に到達するということは、必然的に、他の人たちよりも高度な段階にいると言えます。

言い方を変えると、周りにいる人たちの発達段階は、過去に自分が通ってきた道であるため、次の段階に到達するまでの距離がわかってしまうのです。

私　段階5に到達する人は、非常に少ないとは思っていましたが、成人人口の一パーセント未満ですか……。確かに、この段階に到達すれば、他の人たちの発達段階は、自分がすでに通ってきた道ですよね。

段階5の人は、その道にどんな障害や課題があるのかすでに経験しているため、他者がその障害や課題を乗り越えることができるのかどうか、どうしたら乗り越えることができるのか、といったことが認識できるというような理解でよろしいでしょうか？

室積　はい、その通りです。

私　そうしたお話を聞くと、やはり、段階5の人は極めて稀な存在なのだなと思いました。成人のほとんどの人たちは、この段階に到達することなく、人生の幕を閉じるわけですよね？　現代社会において、ほとんどの人は、この段階に到達することができないのはどうしてなのでしょうか？

室積　その点について、山口さんはどのようにお考えですか？

私　そうですね……、現代社会はとても変化が激しく、私たちは日々せわしなく生きているため、自分と向き合うような時間を取れておらず、さらなる成長のために課せられた課題と向き合っていないことが大きな理由かもしれません。

室積　それは一つ大きな理由だと思います。段階5に到達する過程で、私たちは必ず、「**自分とは何者なのか？**」「**人生とは何か？**」という実存的な問いと対峙することになります。**こうした実存的な問いとゆっくり向き合うことをしなければ、段階5に到達することは起こりえない**でしょう。その他にはどんな理由がありそうですか？

私　はい、段階5に到達するためには、既存の価値観を打ち壊していく必要があると学びました。現代社会においては、どちらかというと、「個性尊重」というか、自分なりの価値観を持つことを奨励しているような風潮があるように思います。段階5が進む道というのは、社会のそうした風潮を超えたものだと思うのです。

多くの人は、一度自分の価値観が構築されてしまえば、そこに甘んじるものです。ですが、段階5の人は、自分なりの価値観を構築した後に、社会の風潮を超えて、自分の価値観を再び作り直していく強さみたいなものを持っているのかなと。そう考えると、段階5に到達するのは、確かに過酷な道なんだと思いますね。

室積　おっしゃる通りです。私たちの現代社会は、自分なりの価値観を持つことを奨励するような風潮にあるため、多くの人は、一度自分なりの価値観を構築したら、そこに安住してしまうと思います。

発達段階5に至るためには、安住している価値観の枠組みを打ち壊す必要があるので、段階5へ到達することは生半可なことではありません。

私　段階がより高度になってくると、それだけ過酷な課題が突きつけられてくるということですね。そう考えると、発達段階が高まるというのは、一概に望ましいことではないのかもしれないと思ったのですが……。

室積　その認識は極めて重要です。発達理論を学ぶ人の多くは、「発達することは良いことだ」と思いがちですが、そうした認識は安直だと考えています。

結論から述べてしまうと、**発達段階が高度になっていくにつれ、必ずしも生きることが楽になったり、人生が良くなったりするとは言えません。**これまで見てきたように、私たちが成長や発達を遂げる際には、必ず固有の課題を乗り越えることが要求されます。

段階3から段階4に至るためには、周りの他者や所属する集団や組織の影響から逃れ、自分なりの価値観を構築していかなければなりません。これは、ある種の「孤独感」を生み出すのです。

段階3においては、他者と自分が作り出す「私たちの世界」の中で生きていけばよかったのです。ですが、段階4に到達するためには、私たちの世界から脱却し、自らの手で自分独自の世界観を作っていかなければならないのです。

そして、段階4から段階5に至る過程では、それ以上に過酷な課題が突きつけられ、私たちはそれを克服していかなければ、段階5に到達することはできないのです。

発達段階が高度になればなるほど、突きつけられる課題がより過酷なものになるため、間違っても、「発達することは良いことだ」と短絡的に考えてはならないと思っています。

人間が成長・発達するとはどういうことか

私　そうなんですね……。これまでのセッションを通じて、室積さんからいろんな問いを投げていただいたおかげで、自分なりに人間の成長や発達について考えを深めることができました。室積さんにずっとお聞きしたかったのですが、人間が成長・発達するというのは、つまりどういうことでしょうか？

――山口からの問いかけに対して、室積は一瞬息を飲んだ。そして、自分の内なる声に耳を傾けながら、ゆっくりと語り出した。

室積　人間の意識が成長・発達していくというのは、自分の認識できる世界が広がるだけではなく、人生における喜びや悲しみがこれまでのものとは質的に異なったものになり、喜びも悲しみもより深くなっていくのだと思います。確かに私たちは、過去の成功や社会的な地位や名誉から完全に脱却することは難しいかもしれません。

しかしながら、**意識の成長が進めば進むほど、自分が保持する過去の成功や社会的な地位や名誉などは、ちっぽけなものに過ぎず、自分という人間は、宇宙における一粒の砂のような存在にすぎないという明確な認識を獲得していくことになるでしょう。**

私たちの世界は、様々な縁の恩恵を受けることによって紡ぎ出された一つの織物なのです。人知を超えた縁の働きによって、一粒の砂のような存在である私たちの間に人との出会いが生まれ、一つの大きな世界が形作られていく、そういう認識が生まれてくるでしょう。

私たちは、死を迎えるまでの期間において、成長を遂げていくと、常に世界は未知なる存在として私たちの目の前に立ちはだかっていることに気づいていきます。意識が成長・発達すればするほど、未知なる存在に押しつぶされることなく、畏敬の念を持ってそれらを受け入れていくことができるようになります。

私たちは、一生涯発達をしていけば、人生における悲劇、喜劇、そして、人生が持つ美と儚さを含め、諸々のことを知って死ぬことができるかもしれません。

私　奥深い答えですね……。

室積　残された時間もわずかになってきました。最後に、これまでの一年間の振り返りを行っていきたいと思うのですが、いかがでしょうか？

私　はい。

室積　まずは率直にお伺いします。一年間、コーチングを体験されてみて、いかがだったでしょうか？

私　この一年間を振り返ってみて、室積さんとのコーチングのおかげで、自分自身が大きく成長したように思います。今となっては、遠い昔の話のように思えますが、コーチングをはじめた当初、上司から受けたフィードバックである「部下とのコミュニケーション能力の向上」と「人間としてもっと成長しろ」という課題を乗り越えることができたと思っています。

室積　それは素晴らしい成果ですね。一年間、山口さんと一緒に取り組んできた甲斐があったと思います。

私　さらに、室積さんとの出会いを通じて、「成人発達理論」と出会えたことも大きいです。

当時の私は、人間が一生を通じて成長・発達していくという考えなど微塵も持っておらず、人間は成人以降も成長し続けるという考え方に最初は驚きました。驚きと同時に、発達理論との出会いによって、自分はまだまだ成長できるのだという勇気を与えてもらったように思います。

室積　人間は一生涯をかけて成長していくという考え方に驚きを受け、発達理論を通じて、ご自身の成長に関して勇気づけられたということですね。

私　まさにその通りです。一年間のコーチングの中、様々な学者や研究者の名前が出てきて、いろんな考え方を学ぶことができました。毎回のセッションの後は、自分なりに振り返りを行ったり、インターネットを通じてあれこれ調べたりしていました。そのおかげで、発達理論に関する理解が随分と深まったように思います。

室積　山口さんが毎回振り返りを行い、自分で色々と調べてくださっているのを私も感じていました。セッションの回が増すごとに、山口さんの質問が鋭くなっているのを実感していました。

私　そうでしたか（笑）。自分では気づきませんでした。

その後の部下たち

室積　それでは、これまでのセッションで話題になっていた部下の皆さんのその後はいかがでしょうか？

私　はい、一人ひとり簡単に近況を報告したいと思います。

まず、段階2の特徴が強かった部下は、今では見事に相手の考えや気持ちを汲み取りながら行動ができるようになりました。その結果として、彼のチームワーク力は格段に向上したと思います。

次に、段階3の特徴が強かった部下は、指示待ちの状態を脱出してくれました。今では、私の指示を着実にこなすだけではなく、主体的に考え、自分の判断基準に基づいて、自律的な行動ができるようになってきました。

そして、段階4の特徴が強かった部下は、持ち前の実力をさらに伸ばしながら、現在は、他者と上手く協同しながらプロジェクトを遂行する能力を身につけています。多様な意見を汲み取り、チームを一つにまとめていく姿を見ると、もはや彼女は、私よりも優れたマネジャーなのかもしれないと思わせるぐらいです（笑）。

室積　山口さんのお話から、皆さんの成長した姿を見て取ることができ、こちらとしても大変嬉しいです。

私　自分の成長のみならず、私を取り巻くいろんな人の成長が実現されたのも、室積さんのコーチングのおかげです。いつも発達理論に基づいた的確なアドバイスを提供してくださり、本当に感謝しています。

室積　そのようにおっしゃっていただけて、ありがたいです。

それでは、最後に、山口さん自身の成長をご自分ではどのように思われていますか？

山口課長本人の成長

私　正直なところ、自分の成長について一言で語るのは非常に難しいです。ですが、この一年間を振り返ってみたときに、どのような変化があったのかを少しお話しさせていただければと思います。

これまでお話ししてきた部下たちから、私はいろんなことを学ばせてもらいましたし、彼らが私を成長させてくれたようにも思います。

段階2の特徴が強い部下とコミュニケーションをしながら、自分にも利己的な側面が強くあることに気づかされました。さらに、彼に対して問いを投げかけるときに、自分自身がときに、相手の考えや気持ちを考慮していないことにも気づかされました。

そして、段階3の部下を支援するときに感じていたのは、果たして自分は、主体的に物事を考え、自律的に行動しているのか、という問いを突きつけられたような気がしていました。段階4に到達することの難しさを改めて強く感じたのを覚えています。彼が主体的に考え、行動できるように支援していく過程で、自分自身の自律性が高まったのではないかと思っています。彼とのやり取りを通じて、彼の成長は自分の成長と密接につながっているのだ、という認識を得ました。

さらに、段階4の特徴が強い部下からも多くのことを学ばせてもらいました。彼女の支援をする中で、知識やスキルを獲得するという水平的な成長のみならず、人間としての器や認識の枠組みの変容といった垂直的な成長があるということを学びました。対話によって、彼女が自分の思い込みや怖れと向き合う姿勢を見ながら、自分自身も内省を重ね、自分の思考や行動を制限する思い込みや怖れに気づき、徐々にそれらを手放しつつあるのを実感しています。

彼らから学んだことを挙げれば切りがないのですが、要するに、**彼らが抱えていた課題は、大なり小なり自分の課題でもあり、彼らがそれを克服してくれるように手助けしながら、自分もそうした課題を克服していった**のだなと気づきました。

室積　部下の皆さんとの対話を通じて、山口さんご自身も大きく成長していったということですね。

私　はい。面白いもので、自分が内面的に成長すればするほど、行動面にも変化が現れ、組織としても嬉しいことが多々起こりました。

室積　なるほど、意識変容が行動変容につながったということですね。組織として嬉しいことが起きた、というのはどういうことでしょうか？

私　はい、まずは、嬉しいことに、私が提案した新製品創出プロジェクトがうまくいき、来月、無事に新製品を世に送り出すことが決まりました。

ここ最近、なかなか新しい製品を発売することができなかったわが社にとって、このプロジェクトの成功はとても大きな意味を持つと思っています。

室積さんとのセッションを通じて、自分なりに実践できるアクションを積み重ねていった結果、新しい製品を世の中に送り出すことができたのだと思っています。この点は本当に感謝しています。

室積　それは私にとっても嬉しいニュースです！　無事に新製品を世に送り出すことが決まったのですね。おめでとうございます。

私　ありがとうございます！　新製品だけじゃなく、自社の中でも変化がありました。私が発達理論を熱心に学んでいることを、上司を通じて人事部長が知っていたようで、発達理論がわが社の人財育成に取り入れられることになりそうなんです。

私が参加している「次世代リーダー育成プロジェクト」だけではなく、マネジャー研修にも発達理論が取り入れられそうなんです。室積さんのコーチングと発達理論との出会いによって、私や部下が変わっていったことだけではなく、私の会社そのものが変わりつつあることに驚きを隠せません。

室積さん、本当にこの一年間どうもありがとうございました。

室積　こちらこそ、この一年間、山口さんと一緒にコーチングをする機会をいただけて大変ありがたく思っています。どうもありがとうございました。

私と室積さんは、オーパス・ワンを改めて乾杯した。

これは、一年間のコーチングを終えたことに対する乾杯ではない。また、自分や部下の成長、そして、私の会社が変わりつつあることを祝しての乾杯でもない。

バーの窓から外の景色を見渡すと、生き物たちが春に向けての準備をしているような絵が、私の心の中に浮かび上がってきた。

その絵には、新たな生命の誕生を祝すような息吹が宿っていた。自然界の季節が巡る。私たちの人生の季節が巡る。季節の巡り変わりに終わりがないのと同様に、人の成長・発達にも終わりがない。

人間の成長は、死と再生のプロセス――。

私と室積さんは、終わりもなく、始まりもない人間の営みに、そして、今ということの瞬間に乾杯したのだ。

エピローグ
一年で
何が変わったか

組織と人

室積さんとの一年間のコーチングが終わりを告げた。正直なところ、室積さんとのコーチングが終わったという実感がまだないのである。

振り返ってみると、室積さんとの一年間は本当にあっという間だった。この一年間は、まるで夢でも見ているかのような、非常に充実した時間だった。この一年間の振り返りを今一人で行おうとしているこの瞬間においても、その余韻が残っており、これは夢なのか現実なのか定かではない。

夢と現実の境界線はそもそも曖昧なものであり、あの一年間と今というこの瞬間は夢でもあり現実でもあるのだろう。

そんなことを思いながら、改めて一年間の学びと自分自身の成長について振り返ってみたい。

今回、室積さんに依頼をしたテーマは、「部下とのコミュニケーション能力の向上」と「人間としてのさらなる成長」だった。一年間のコーチングを終えて、これらの目標を見事に達成できた自分が今ここにいる。

「部下とのコミュニケーション能力の向上」に関するテーマに取り組む当初は、多様な個性を持つ部下たちを「部下」という言葉で一括りにしていた。

しかし、部下それぞれに素晴らしい個性や特徴があり、今となっては当たり前であるが、一人ひとりに応じたコミュニケーションのあり方が求められるという気づきから自分の成長がスタートしたのだ。

言い換えると、一人ひとりの発達段階に応じたコミュニケーションを図ることが大切なのだ、という気づきが生まれたことによって、自分の中で変化がどんどん起こっていったような気がしている。

室積さんとの対話を通じて、自分の中で気づきが芽生え、部下とのコミュニケーションの中で様々な実践を行ってきた。

こうした具体的な実践を積めば積むほど、自分の中でさらなる気づきや発見が得られた。そして気づきや発見をもとに、自分が〝行動〟を起こすことによって、部下がどんどん変わっていく姿を見ることができたのだ。部下とのコミュニケーションに四苦八苦していた一年前の自分が嘘のようである。今、マネジャーとして、部下の成長を支援することに喜びを感じている自分がいる。この変化は自分の中でも大きなものだろう。

自分自身が着実に成長することによって、部下との接し方が変わり、部下が成長していったというのは間違いない。それ以上に驚いたのは、部下が成長することによって、私自身が成長していったという事実もあるということだ。

つまり、部下の成長支援に携わることによって、部下が成長し、それが巡り巡って自分自身の成長に繋がっていたのだ。

具体的に述べると、これまでの自分は部下と表面的なコミュニケーションを行っていたが、部下が何を考え、何を思いながら仕事に取り組んでいるのか、という一段深い視点でコミュニケーションが図れるようになっていった。

まさに、部下の性格や特徴を尊重しながら、彼らの発達段階に応じた対応ができるようになっていったのである。

さらに、部下が抱えている課題は、自分自身の課題でもあるという気づきが生まれ、彼らと二人三脚で成長の歩みを進めてきたと思っている。

何より嬉しいことは、組織のメンバーが着実に成長することによって、組織の生産性が向上しているということだ。ここで言っている生産性とは、何も「売上」や「利益」などの財務的な数字の向上だけを指しているのではない。

それよりもむしろ、自律的な人財が増え、組織が活性化することによって、新しく価値のあるものを創出する土壌が生まれてきていることを「組織の生産性の向上」と呼んでいるのだ。

そうした土壌の中で、組織のメンバーが活発な対話を行い、創造的なアイデアがどんどん生まれている様子を目の当たりにしており、喜びを感じる。

こうした自分自身の変化と組織の変化を生み出すきっかけになってくれたのは、紛れもなく部下たちの存在である。一年間一緒に働いてくれた部下たちに感謝したい。

今後は、段階5的なリーダーを目指して、自分自身のさらなる成長を遂げていきたい。今回自分が変わり、部下が変わり、組織が変わることによって、社会に貢献する新製品を世に送り出すことができた。自分自身がより成長していくことによって、自らの意志を持って行動できる自律的な人財を社内でどんどん育てていくことができるようになると思うのだ。

その結果として、より良い組織が実現し、社会に価値のあるものを提供していくことが可能になると信じている。自らの成長の歩みを止めず、今後も着実に成長を遂げられるように精進していきたい。


最後に、この一年間の学びを総括する気づきを書き留めて、振り返りをおえたい。

室積さんとのコーチングを始める前の私は、日々の業務に忙殺され、自分自身と向き合う時間がほとんどなかった。

いや、正確に述べると、これまでの自分は自分自身との向き合い方を知らなかったのではないかと思わされる。室積さんとの対話のおかげで、自分と向き合うことの真の意味とその大切さに気づいたのである。

自分と真摯に向き合う中で、改めて
「自分の人生とは何か?」

「自分に与えられた使命は何だろうか?」

という問いに直面している。

しかし、これらの問いに対する唯一の答えなど存在しないだろう。答えを見つけようとするのではなく、答えのない問いを発し続けることが大切なのだ。

答えのない問いを発し続けるということ、それが懸命に生きるということなのだろう。

室積さんとのコーチングを通じて、私は「発達理論」というものに出会うことができた。自分にとって発達理論とは、人間がどのように成長していくのか、どうしたらより成長していくのかについてヒントを示してくれる「成長の見取り図」だと言える。

別の言葉で言うと、発達理論とは、人生における成長・発達という終わりなき航海を先導してくれる「羅針盤」なのだ。

今、私は自分の成長や他者の成長を適切に導いてくれるような、信頼に足る羅針盤を獲得することができたと確信している。

今後は、この羅針盤を携えて、自分自身のさらなる成長の実現と他者の成長支援に尽力していきたいと思っている。

自分が変われば部下も変わる。部下が変われば自分も変わる。自分と部下が変われば組織も変わる――。

組織も人も変わることができるのだ。

おわりに

本書を最後までお読みいただき、どうもありがとうございます。

本書を読み終えてみて、いかがだったでしょうか？

山口光と室積敏正が織りなす「組織と人の変革ストーリー」の中に、皆さんのお役に立てる情報が少しでもあれば、著者として大変ありがたく思います。

本書を足がかりに、日本の多くの方が発達理論に興味を持っていただき、ご自身の成長のみならず、自分を取り巻く他者や所属する組織の成長に発達理論を活用していただければ幸いです。

本書を通じて、発達理論の世界にご関心を持っていただいた方には、ぜひともご自身でさらなる探求を継続してほしいと思っています。

発達理論の世界は非常に奥深く、本書の中で言及できなかった研究者や理論が数多く存在しています。発達理論の世界に足を踏み入れて、かれこれ六年の歳月が経ちますが、日々の探求活動を継続する中で、私自身も毎日発見の連続です。

そのため、探求を継続する過程で壁に突き当たった際には、あるいは、何か質問事項があれば、遠慮なくご連絡いただければと思います。いつかどこかで、皆さんと学び合える日が来ることをとても楽しみにしています。

本書を書き終えてみて、自分を取り巻く様々な人たちの多大なる支援がなければ、本書が生まれることは決してなかったであろうと強く思います。あとがきとして、本書の誕生に協力をしてくださった方々にお礼を申し上げたいと思います。

本書を書き上げ、改めて人間の成長について思いを巡らせてみると、人が成長するためには、「他者の存在」と「場所の存在」が不可欠であると再認識させられました。

私自身、この一〇年間において、東京、大阪、サンフランシスコ、ニューヨーク、ロサンゼルスと数々の場所に生活拠点を移してきました。今後も私の人生において、世界の様々な場所が私の成長を育み、人生を支えてくれるのだろう、という予感がしています。私の人生における様々な季節において、常に私を支えてくれる人たちがいましたし、私を抱擁してくれる場所がありました。「人とのご縁」はもちろんのことながら、「場所とのご縁」も大切にしながらこれからの人生を送りたいと思っています。

今回の登場人物である、「山口光」と「室積敏正」の名前には由来があります。私は東京で生まれ、小学校一年生まで東京という場所で育ちました。その後、小学校二年生から大学入学までの期間、「山口県光市室積」という場所で過ごしました。山口県光市室積という場所は、今の自分を形作ってくれた大切な場所であり、私を根底から支え続けてくれる母なる土地だと思っています。

そして、そこで出会った友人たちは、現在の自分の思想やあり方を形成してくれたかけがえのない存在だと感じています。この場を借りて、山口県光市室積という場所に対して、同じ時間と空間を共有してくれた友人たちに対して、感謝の気持ちを伝えたいです。

今回の出版に際して、編集者の根本浩美さんのご協力がなければ、本書が形になることはなかったと思っています。本書の著者名には私の名前しか書かれないかもしれません。しかし、紛れもなくこの本は根本さんと私の共同作品です。この場を借りて根本さんにお礼申し上げます。

また、私を発達理論の世界に強く惹きつけてくださったハーバード大学教育大学院のロバート・キーガン教授にもお礼を申し上げたいと思います。「現存する世界最高の発達心理学者」と呼ばれるキーガン先生は、学識のみならず、ユーモア溢れる素晴らしい師であり、自分に大きな影響を与えてくださった存在として、常に敬意を表しています。

ロバート・キーガン教授に加え、幸運にも私は、成人発達理論の領域に多大な貢献を果たしたオットー・ラスキー博士から二年間直接的な教えを授かってきました。八十歳という年齢ながら、今でも精力的な探求活動を行っているラスキー先生の姿勢と情熱は、私の探求活動を突き動かす一つの原動力になっています。現在でも折を見てメールを下さるご配慮と優しい心に対して感謝の気持ちを伝えたいと思います。

そして、日本で最初に成人発達理論を企業の人財育成に取り入れるという革新的な試みをしてくださり、本書の題材に大きな影響を与えてくださったブラザー工業株式会社の奥村隆司さんに、この場を借りて感謝の意を伝えさせていただければと思います。また、同じ志を持って、日本企業の自己変革を支援する協同者として大変お世話になっている、アビームコンサルティングの中本雅也さん、井上考さん、水野梨津子さんには、心よりお礼を申し上げます。

この四年間を通じて、私のオンラインゼミナールを受講してくださった皆さんとのやりとりは、本書を執筆する上でとても参考になりました。「成人以降の知性発達理論」という日本では馴染みのない領域にご関心を持ってくださり、ゼミナールのクラスの中で貴重なご意見やご感想を共有してくださり、どうもありがとうございます。

本書を最初から最後まで書き上げる中で、私は二人の「敏正」という人物に支え続けられていました。

一人目は、登場人物である「室積敏正」です。文章を書きながら、「室積さんであればどのように答えますか？」「室積さんはどのようなお考えをお持ちですか？」という問いかけをすると、室積さんは決まって的確な言葉を紡ぎ出してくれました。私の役割は、室積さんの言葉を信頼して、彼の言葉を形にすることだけでした。

二人目は、二年前にこの世を去った私の祖父である「加藤敏正」です。執筆の最中、祖父は優しく私を見守り、応援をし続けてくれていたと固く信じています。

二人の「敏正」という人間に感謝の意を伝えたいです。

最後に、私にとって最愛の人である父と母に心からお礼を述べたいと思います。常に私を信じ、常に暖かく支え、常に陰ながら応援をしてくれている父と母に対しては、感謝の気持ちを言葉で伝えきることができません。それでも言葉で伝えたいと思います。

「二人の息子であることに心からの喜びと感謝の気持ちを持っています。この気持ちと共に、これからも毎日を大切に生きていきたいと思います。多大な愛情を持って自分を育て上げてくれて、本当にどうもありがとう」

二〇一六年三月

加藤洋平

◆参考資料 5つの発達段階の要約◆

発達段階1　具体的思考段階

発達段階1は「具体的思考段階」と呼ばれます。この段階は、言葉を獲得したての子供に見られるものです。そのため、すべての成人は、基本的にこの段階を超えていると言えます。

具体的思考段階の特徴は、具体的な事物を頭に思い浮かべて思考することはできますが、形のない抽象的な概念を扱うことはできません。

例えば、この段階において、算数の計算はできますが、自ら方程式を立ててそれを解くことは至難の技です。この段階は成人期以前のものなので、本書では省略しています。

発達段階2　道具主義的段階（利己的段階）

発達段階2は「道具主義的段階」、あるいは「利己的段階」と呼ばれます。この段階は、成人人口の10パーセントに見られます。一言でこの段階を表現すると、「極めて自分中心的な認識の枠組みを持っている」と言えます。

この段階は、自分の関心事項や欲求を満たすことに焦点が当てられており、他者の感情や思考を理解することが難しいです。自らの関心事項や欲求を満たすために、他者を道具のようにみなすという意味から「道具主義的段階」と形容されます。

段階2において、他者の視点を考慮することは大きな難題です。自分の視点のみならず、他者の視点も考慮し始めると、それは発達段階2から3への移行のサインとなります。

発達段階3　他者依存段階（慣習的段階）

発達段階3は「他者依存段階」、あるいは「慣習的段階」と呼ばれます。この段階は、成人人口の約70パーセントにみられます。一言でこの段階を表現すると、「組織や集団に従属し、他者に依存する形で意思決定をする」という特徴があります。

この段階は、自らの意思決定基準を持っておらず、「会社の決まりではこうなっているから」「上司がこう言ったから」という言葉を多用する傾向があります。つまり、他者（組織や社会を含む）の基準によって、自分の行動が規定されているのです。

この段階は、組織や社会の決まりごとを従順に守るという意味から、「慣習的段階」とも呼ばれています。

発達段階4　自己主導段階

発達段階4は「自己主導段階」と呼ばれます。この段階は、成人人口の約20パーセントにみられます。

この段階では、ようやく自分なりの価値観や意思決定基準を設けることができ、自律的に行動できるようになります。段階3では、行動基準が周りの存在によって築き上げられていたのに対し、段階4は、自ら行動基準を構築することができます。自らの行動基準によって、主体的に行動するという意味から「自己主導段階」と呼ばれます。

この段階は、自己成長に強い関心があったり、自分の意見を明確に主張したりするという特徴を持ちます。

発達段階5　自己変容・相互発達段階

発達段階5は「自己変容・相互発達段階」と呼ばれます。この段階に到達している成人人口は1パーセント未満です。

この段階では、自分の価値観や意見にとらわれることなく、多様な価値観・意見などを汲み取りながら的確に意思決定ができるという特徴があります。段階4は、自らの成長に強い関心を示していましたが、段階5は、自らの成長に強い関心を示すことはなく、他者の成長に意識のベクトルが向かいます。そのため、部下を育てるのに適した段階であるといえます。

また、段階5は、他者が成長することによって、自らも成長するという認識（相互発達）があり、他者と価値観や意見を共有し合いながら、コミュニケーションを図るという特徴もあります。

著者
加藤 洋平（かとう ようへい）
知性発達学者・瑜伽行唯識学者
東京・御茶ノ水生まれ。山口県立光高等学校卒業。一橋大学商学部経営学科卒業後、デロイト·トーマツにて国際税務コンサルティングの仕事に従事。退職後、米国ジョン·エフ·ケネディ大学にて発達心理学とインテグラル理論に関する修士号（MA. Psychology）、および発達測定の資格を取得。オランダのフローニンゲン大学にてタレントディベロップメントに関する修士号（MSc. Psychology）、および実証的教育学に関する修士号を取得（MSc. Evidence-Based Education）。現在、オランダのフローニンゲンに在住しながら、人間発達と唯識学の研究を続けている。
ウェブサイト「発達理論の学び舎」:
https://www.yoheikato-integraldevelopment.com/
著書:『成人発達理論による能力の成長　ダイナミックスキル理論の実践的活用法』『成人発達理論から考える成長疲労社会への処方箋　新自由主義的社会における「人生を豊かにする」実践的成長論』
翻訳書:『「人の器」を測るとはどういうことか　成人発達理論における実践的測定手法』
（以上、日本能率協会マネジメントセンター）

なぜ部下とうまくいかないのか
「自他変革」の発達心理学

2016年3月30日　初版第1刷発行
2024年5月20日　　　第8刷発行

著　者——加藤洋平

発行者——張 士洛
発行所——日本能率協会マネジメントセンター
〒103-6009　東京都中央区日本橋2-7-1　東京日本橋タワー
TEL　03-6362-4339（編集）／03-6362-4558（販売）
FAX　03-3272-8127（編集・販売）
https://www.jmam.co.jp/

装　丁——岩泉卓屋
印刷所——広研印刷株式会社
製本所——ナショナル製本協同組合

ISBN 978-4-8207-1945-8　C2034
落丁・乱丁はおとりかえします。
PRINTED IN JAPAN